विभीषण
की
अनुचिन्ता

विभीषण
की
अनुचिन्ता

विभीषण का सहधर्मिणी सरमा से काव्य-संवाद

अनिल पुरोहित

वाणी प्रकाशन

वाणी प्रकाशन
4695, 21-ए, दरियागंज, नयी दिल्ली 110 002
फ़ोन : +91 11 23273167 फ़ैक्स : +91 11 23275710
शाखाएँ
अशोक राजपथ, पटना 800 004, बिहार
कॉफ़ी हाउस कैम्पस, महात्मा गांधी मार्ग, इलाहाबाद 211 001, उत्तर प्रदेश
महात्मा गांधी अन्तरराष्ट्रीय हिन्दी विश्वविद्यालय, वर्धा 442 001, महाराष्ट्र
सुल्तानिया रोड, मोतिया पार्क, भोपाल 462 001, मध्य प्रदेश
www.vaniprakashan.com
marketing@vaniprakashan.in
sales@vaniprakashan.in

VIBHISHAN KI ANUCHINTA
by Anil Purohit

ISBN : 978-93-89915-48-8
Poetry

प्रथम संस्करण 2020

मूल्य : ₹ 200

सिटी प्रेस, दिल्ली-110 095 में मुद्रित

वाणी प्रकाशन का लोगो मक़बूल फ़िदा हुसेन की कूची से

भूमिका

अनिल कुमार इससे पहले 'अंत:पुर की व्यथा कथा' (महाभारत युद्ध से पूर्व रानियों की मनोदशा पर आधारित) और 'सीता का सफर : वाल्मीकि तक' (सीता वनवास कालीन मनोदशा पर अभिनव ढंग से सीता-राम की अंतरंगता पर आधारित) लंबी कविताएं लिख चुका है। इनका भाव विश्लेषण कनाडाई धरती पर हुआ है, यह एकदम अनूठा लगता है। परंतु यह तीसरी लंबी कविता युद्ध विध्वस्त मानव मन की भावधारा है। वह अपने समाज, जाति, परिवार, देश सब का पुनर्निर्माण करना चाहता है। राम की अयोध्या का सारा सकारात्मक वातावरण उन्हें प्रेरित करता है और पत्नी उत्साह प्रदान करती है। अपने बुजुर्गों से मार्गदर्शन मांगता है। सब प्रसन्नतापूर्वक सहयोग देते हैं। अपनी शंकाओं का समाधान उनसे ही मांग रहा है। और फिर भविष्य के समाज का एक नक्शा उनकी कल्पना में साकार होता है। तभी हर चुनौती का सामना करके भी बुद्धि, धैर्य और साहस पाता है। इस प्रकार नवनिर्माण के पथ पर उसके भविष्य की नीतियां, कल्पना और लक्ष्य निर्मित होता है। इसमें पत्नी सरमा पूरा प्रकाश प्रदान करती है। परंतु अपने भ्राता को छोड़ आने का दंशन बार-बार उन्हें विचलित करता है। स्वार्थी, भ्रातृद्रोही, राजद्रोही के कलंक से आत्मग्लानि में भर जाते हैं। इसके बाद विभीषण के चिंतन में पूरे समाज और देश के कल्याण की सकारात्मक सोच उभर कर आती है। इसमें मंदोदरी भी सही चिंतन से और आश्वासन देकर उसके अंदर की सकारात्मक सोच दृढ़ होती है। जब सत्या में विचलन होता है मंदोदरी संभाल लेती है वह मानसिक सहारा समर्थन देती है।

इस प्रकार लंका का राज उचित हाथ में आ गया है और नानाश्री कहते हैं–'बहुत कठिन है, विभीषण बनना' अब निराशा के बादल

छँट जाते हैं उसमें वे आस्था और विश्वास के साथ चलने का संकल्प लेते हैं। प्रगति पथ पर बढ़कर सारे अपने समाज का आह्वान देते हैं।

यह सारा 'चिंतन' ही राष्ट्र की उन्नति का मूल मंत्र है। अनिल कुमार की यह लंबी कविता हमारे समाज और जाति की काव्य चिंता है। इन संकेतों ने ही इसे कविता का रूप दिया है।

हमारे इतिहास-पुराण प्रेरणा के सदा उत्स रहे हैं। उनके नित नूतन अर्थ संकेत और भाव दिग्दर्शक प्रदान करते हैं। अतः यह हमारे युग में विशेष महत्त्व रखती है।

–शंकर लाल पुरोहित

दो शब्द

शब्द प्राण हैं इस ब्रह्मांड के । कितनी वस्तुएं आती हैं नजर में उस जनम लिए हुए बालक के । वह चेष्टा करता है कुछ कहने के लिए। हम सब यही सोचते रहते हैं । पर दृष्टि उसी पर टिकी रहती है, जहाँ शब्दों की भयंकर होती रहती है । वह शब्द कुछ और जो भाषा के नाम से जाने जाते हैं । शब्द वो हैं जो हमारी भावनाओं की कड़ियों को आगे बढ़ाते हैं । हमारे आदमी होने की विशिष्टता शब्द ही तो प्रतिपादित करता है । वरना ध्वनि तो पहाड़ की घाटियों, रेगिस्तान की मरीचिका से लेकर सागर की लहरों तक हर कहीं ध्वनित-प्रतिध्वनित होती रहती है । आदमी से आदमी का संपर्क तो हर पल शब्द बनाते बिगाड़ते रहते हैं, सर्वव्यापी दृश्य-अदृश्य सत्ता के बीच हमारी अंतरंगता भी शब्द ही रूपायित करते आये हैं। सदियां ही नहीं, युगों में भी इस स्थिति में अंतर नहीं आया।

आज कविता का युग नहीं है! यह बात श्रोता के लिहाज से है। पर लिखने वाले से पूछो-कहता है इतनी अहमियत तो पहले कभी नहीं रही कविता की। हर शब्दों का समूह कविता नहीं होती और कविता तो शब्दों के छोर पर मिलती है जब लिखा हुआ शब्द थक हार कर अशब्दता की शरणागत होता है। उस मौन से एक-एक अमृत उभरता है । वह शब्द शब्देतर ध्वनि की गूंज में समाहित होता है । ठीक ही तो कहा है - आज मशीनों और तेजी से भागते लोगों को कहाँ फुरसत है शब्द तक कान लगाने की । इन शब्दों का आवाहन करता पुजारी इसके लिए उन्हें माफ करता जाता है, कविता लिखता जाता है । वह पाठक की फरमाइश पर नहीं लिखता । बटपत्रशायी किसी ईश्वर की तरह अपना अंगूठा खुद चूस अपने आनंद के लिए (स्वतः सुखाय !) कुशब्दों का अभिरोह

रचता रहता है ! यह उसका एक निजी एकांत है ! आप उसकी सतह पर झांक कर देख सकते हैं - यह छूट देने पर ही तो कविता 'प्रकाशित' होती है । पर आप कवि से कौन संवाद तो स्थापित कर सकते हैं - मुखर होकर संबंध न बनायें । वरना उसका अल्हड़पन, उसका निर्वाध विचरण थम जायेगा । वह सर्तक होकर सकारण बौद्धिक बन जायेगा ! मुझे इसी अल्हड़ता का वरदान मिला था । पता नहीं आगे बना रहेगा या नहीं ! कितने नाज़ुक-से होते हैं ! सहज कर संजोये हुए ! कितनी तरह की भाषाओं की व्यत्पत्ति की है इन्होंने ! तभी तो अजीब-सी है शब्दों की दुनिया ।

—अनिल पुरोहित

विभीषण की अनुचिन्ता

सरमा - नाथ - रहा कैसा सफर ?
भूल बैठे लंका नगरी
पल छिन बीते मेरे, युग की तरह
कैसा रहा अवध का राज्याभिषेक
बेचैन मन मेरा सुनने
कैसी हैं - माता सीता ?
लगता, मन अभी तक बसा वहाँ
अभी तक आप व्यथित, चिंतित ।

विभीषण - हे प्रिये !
नहीं मैं व्यथित, पर अवश्य चिंतित
देख अवधनगरी, नहीं देखी जाती लंकापुरी ।
पल में सब कुछ धूसरित
क्या थी, क्या हो गई ।
अवध नगरी का क्या कहना !
जब देखा पहली बार, पुलकित हो गया मन
रोम रोम में मचली सिहरन
घने हरे-भरे वृक्ष, बाग, उपवन
साथ किनारे मचलती सरयू सुन्दर
हिलोरें लेती, सींच-सींच अवधपुरी के खेत ।
पावन नगरी प्रभु राम की
जब देखी पुष्पक विमान से
उमड़ रहा था जन समुद्र जाने सरयू की ओर
गूंज रहा कोलाहल गगन में
क्या नर, क्या पशु, क्या पक्षी

सब की आँखें तक रहीं एक टक
पलक झपकने की नहीं सुधबुध
हे सुमुखी, देखी बेचैनी की झलक
उत्सुक, तत्पर श्रीराम
आतुर मिलने स्वजनों से
एक बार फिर छू लेने को अवध की धूल
होंठ हिल रहे थे कुछ कहने
पर विकल मन, अधीर कर दे
शब्द कम पड़ जाएँ, भावों की गहराई देख
सोचें कुछ, कहते कुछ
आँखें नम थिरकन सी सारे बदन में
कभी बैठे कभी चहलकदमी
अद्भुत, अति अद्भुत
प्रभु श्रीराम का स्वरूप ।
अकल्पनीय आतुरता देखी,
मैंने प्रभु से मिलने अवधवासी
प्रभु उनसे मिलने
कोस रहे समय को, फासला तय होने नहीं दे रहा
घड़ी मिलन की इतनी नजदीक
फिर भी इतनी दूर !
धीरे-धीरे उतरा धरा पर विमान हमारा
प्रभु उतरे, धूल-अवध की धरी मस्तक पर
सब कुछ शांत , सब निर्वाक
रुक गया पवन, थम गया समय
सुधबुध हर गई, सब कुछ गतिहीन
पल भर को थम गई प्रकृति
निहोर रहे सब प्रभु को
सुन रही लंबी सांसें लेते अवधवासी
एकटक देख रहे, पांव उठते नहीं
न हाथ बढ़ रहे, अपलक नयनों से निहोरते
चौदह वर्ष से दर्शन को प्यासे
बुझा रहे देख, प्यास अपनी

कोई नहीं बड़ा, कोई नहीं छोटा
न कोई रोगी, न कोई अछूत
अद्‌भुत माया प्रभु की
एक पग क्या बढ़ाया उन्होंने
अनगिनत छवि उनके चहुं ओर
किसी से गले मिलते, किसी से बतियाते
कोई दे रहा आशीष, तो कोई पा रहा
मिलने प्रभु से बेचैन अवधवासी,
तो उनसे अधिक बेचैन प्रभु
अश्रुधार बह रही अनवरत
अधीर सब, पर सब निर्वाक
इसी छण का था इंतजार सबको
शायद समय भी इसी मिलन की टोह में
सब कोई भूल गए चौदह वर्ष का विछोह
अचानक बह उठी मंद सुगंध पवन
वो भी उन्मत्त हो रही देख अद्‌भुत मिलन
प्रभु का प्रेम, स्नेह, अपनापन
पोंछ रहे - उंगलियों से, एक दूसरे के आँसू
आँखों से जो बतिया रहे
अधूरी न रह जायँ बातें मन की
देखते पल भर फिर कंठ लगाते
वर्षों से खोया हार मिला हो
प्रभु श्रीराम न थे करुणामय ना भक्तवत्सल
सिर्फ प्रेम जिज्ञासु, प्रेमी स्वजनी
कोई नहीं रहा अछूता, सब डूब रहे प्रेम में
धीरे-धीरे चल रहे मगन प्रभु
पुलकित हो रही धूल अवध की
हे प्रिये, वो समां था अवर्णनीय
विछोह से गुजर, जब आती घड़ी मिलन की
सारे काम, सारे प्रयोजन हो जाते गौण
प्रभु रह - रह निहोरते हमें
मुस्कुरा भर रह जाते हम सब

देख प्रभु का प्रेम
रोम-रोम कांप उठता सोच
कैसे गुजरे दिन रात इन बिन
जो न रह पाते एक पल, एक दूसरे बिन
क्या करते थे जब उठती थी हूक मिलन की
कैसे गुजारे वो पल जब आती थी याद
यह तो सिर्फ अवधवासी ही कर सकते
पर अब पा लिया प्रेमिक ने अपना प्रेमी ।
भूल गए मुझ को, मैं रावण का भ्राता
अवधवासी जानें मुझे- मैं प्रभु सेवक
कोई लिपटे प्रेम से, कोई नमन करे दूर से
मैं देख-देख हर्षाऊं, इठलाऊं भाग पर अपने
प्रभु श्रीराम का, सेवक मैं बड़भागी
अवधवासी छूने मुझे एक दूसरे से होड़ लगाएँ
चरण धूल मेरी लेकर शीश चढ़ाएँ
अवधनगरी का कण-कण रम गया प्रभु में
कोई चाह नहीं दिखती देख प्रभु का श्रीमुख
झूम रहे प्रेम मगन में सारी धरती, सारा गगन
कब दिन ढला, कब शाम हुई
बेचैन थे शायद चांद तारे पाने झलक पालनहार की
रोज देखते जंगल पर्वत, वनवासी राम
देखा उन्होंने सिर्फ कर्त्तव्यरत राम
बंधे वचनों से पितृ भक्ति में ओतप्रोत
आज देख रहे अवध बिहारी
और देख रहे उजियारी रात अवध में
हर कोना जगमगा रहा, झिलमिलाता दीयों से
एक युग बीत गया, तरस रहा कोना-कोना
हर लौ दीये की हौले - हौले लहराती
झूम-झूम कर जल रहे पतंगे उसमें
रुक-रुक कर चाहते चांद-तारे चलना
पर सभी बंधे नियति से
इसी ने बिछेड़ा, इसीने मिलाया

इसी से बंधे, सुख-दु:ख सबके
घर पर सब बतिया रहे, दिन की बात
कोई सुनता, कोई अपनी बघारता
छूट गई बंधी नदी, उफन बह चली
घर का स्वामी लौटा परदेस से
अब सब निश्चिंत
क्या था जो हर ले गए प्रभु श्रीराम अपने साथ
क्या पा लिया अवध ने देख उनकी एक झलक
सब कुछ शून्य था, जब छूट गया साथ
सब कुछ हो गया शून्य ।
जब देखा उनको
लौट आई खुशबू फूलों में,
रंगों से भर गई बगिया ।
मैंने देखा सजी अवधपुरी
सजी राज माताएँ, सजे राजकुमार
भाई भरत, शत्रुघ्न सेवारत
कोई फरक नहीं समझा मुझ में
कभी ग्लानि, कभी शर्म छू जाती मन को मेरे
सोच भाई की करनी
मन होता अधीर, तन विचलित
माता सीता ने मिलाया मुझे सबसे
नजरें मिलाने को उठतीं, पर झुक जातीं
जान गये थे अविनाशी राम मन को मेरे
हाथ धरा कंधों पर मेरे देख मुस्काये मुझे
कानों में कहा – जो कल था, बीत गया
मीत मेरे मत होना कुंठित,
मत गिराओ नजरों से अपनी
झुका कर नजरें अपनी
कोई फर्क नहीं भरत और तुम में
तुम बसे मेरी सांसों में ।
मैं तुम्हें पाकर हूँ गर्वित
फिर तुम क्यों लज्जित ?

मत हो चिंतित देख स्वजनों का प्रेम
अपना लिया तुमको सबने,
तुम भी खोलो मन के द्वार
मैं लिपट गया चरणों में उनके
जिनकी नहीं मैं धूल समान
अपने हाथों से उठा प्रभु ने हृदय से लगाया
समा लिया हो अंदर अपने, वे हैं करुणानिधान ।
क्यों हरी भाई ने माता सीता ?
कैसे डाली लोलुप, कामुक दृष्टि ?
सदियों का संचित ज्ञान, शौर्य
क्या ऐसे ही होता क्षय ?
दशानन भाई मेरे, दस गुना था ज्ञान
क्या एक भी सर न कर सका विचलित उन्हें
विवेकहीनता का दिखा सके परिणाम ।

सरमा – ऐसा क्यों सोच रहे स्वामी
जब उन्होंने आप जैसे बन नहीं सोचा
तो आप उन जैसे बन कैसे सोच सकते
यही क्या कम है – जो प्रभु का सानिध्य मिला
साथ लेकर गये अयोध्या अपने
अपनों में अपना बना मिलाया
कितनों को मिला यह परम सुख
जाने कितनों ने कितने जन्म किये तप
तब भी न मिल सका प्रभु का संग
आप के कर्म थे, जाने कितने संचित
शत्रु भ्राता होकर, परम हितैषी कहलाये
माता सीता का ही होगा आशीर्वाद
जो अवधपुरी के दर्शन पाये
अवधवासी के मन में बस पाए
आप यूं ना हों अधीर
सच कहा प्रभु श्री राम ने
जो कल था सो बीत गया
वर्तमान – सिर्फ आने वाले कल के लिए

कौन दे रहा दस्तक द्वार पर –

प्रहरी – माता – राजमाता मंदोदरी पधारी हैं
आपसे मिलने का उनका प्रयोजन

विभीषण – प्रहरी – राजमाता को सादर लेकर आना
अनुमति मेरी है शीघ्र ले आओ ।
पूरे सम्मान सह यहाँ लेकर आओ ।

विभीषण के कक्ष में राजमाता मंदोदरी का आगमन । विभीषण एवं सरमा उनके चरण स्पर्श कर आशीर्वाद लेते हैं । उन्हें यथास्थान बैठा कर अपना स्थान ग्रहण करते हैं)

मंदोदरी – हे, भ्राता विभीषण !
सकुशल रही यात्रा तुम्हारी
कैसे हैं – अवध में अवधबिहारी

विभीषण – माते – सब कुशल मंगल
जिनके स्मरण मात्र से दूर हो जाते सारे कष्ट
मैं तो साथ था उनके
प्रेम और आनंद की हिलोरें
उमड़ रही थी अवधपुरी में
हर कण अवधपुरी का, स्वागत करता स्वामी का
इंतजार का बीता पल, मिलन की घड़ी से जुड़ता
अद्भुत था वो सारा माहौल
सब थे निर्मल, निश्छल
सबकी बुझी थी प्यास
आकर प्रभु के पास
ईर्ष्या की अगन जलाती अगर
प्रेम की अगन जिलाती सबको
जिन शब्दों को सुना था मैंने
शाश्वत जीवित साकार लेते देखा उनको
प्रभु ने भेजा संदेश आप के लिए
वीरपत्नी हैं आप, वीर जननी आप
धन्य हो गई लंका नगरी – साथ आप का पाकर
जो असह्य था, सहा आपने
जो धर्म था, निभाया
बिरले होते जगत में ऐसे

कृतार्थ अवधनगरी !

मंदोदरी – सत्य कहा दु:खभंजन ने
सुन कर वचन, शांत हो रहा मेरा मन
पर क्या करुं, मति मेरी चंचल
बार-बार डोल उठता मेरा मन
जब -जब देखूं क्षत-विक्षत लंकापुरी
अब नहीं कोई महारथी, ना कोई महाज्ञानी
कौन लौटायेगा, लुटा शौर्य हमारा
तुम्हीं एक जो पलट सकते, कायाकल्प,
कहाँ सह पाई असह्य,
कब निभाया मैंने धर्म अपना
विचलित थी मैं, परित्यक्ता के अथाह सागर में
बारबार देखा मैंने कामांध दशानन की
ज्वाला में जली रोज
जब देखती आईना – कोई जवाब नहीं मिलता
जाने कितने पूछता प्रश्न
क्या कमी रह गई मुझ में
क्यों ढूंढ नहीं पाया रावण मुझ में
क्या बार-बार बेचैन मन उसका
अशोक बाटिका जाने
राम – चाहते तो रोक सकते
यह सर्वनाश ।
बांध कर ले जाते लंकापति को
सहस्त्रबाहु अर्जुन ने किया
या फिर बालि को दोहराते ।
सीता को मुक्त करना – लक्ष्य था तुम्हारा
नहीं ध्येय था लंका निर्मूल करना मेरा –
कोई पुत्र ना बचा, अब ना रहा पति –
अरक्षणीय कर दिया मुझे ।
संहार नहीं किया रावण ने किसी का
सिर्फ चुरा कर लाया – याचक बन ।
तुम चाहते चुरा ले सकते

जनक दुलारी
पर नहीं –
समूल नाश कर दिया आसुरी लंका
और लंकाधिपति ।
इतना गंभीर परिणाम –
शायद ना सोचा स्वयं लंकेश ने ।
अनंत काल तक भोगेंगे राक्षसगण
यह तुम्हारा विवादास्पद निर्णय ।
जाने क्या अनर्गल कहे जा रही
राम – एकटक देखे जा रहे
शायद वही जानते – समय का निर्णय ।
तभी पल भर को खुली आँख
लंकेश की – वही सूनापन फिर झांक रहा
जाने किसे ढूंढ रहा – अब तक निर्मोही
क्यों राम – इसीलिए स्वीकारा तुमने वनवास
पितृभक्ति में ओतप्रोत किया राक्षसों का विनाश
स्वर्णमृग पकड़ लाने की चाह की जानकी ने
नहीं समझा पाए, लाख किया प्रयत्न
तीर बींध शिकार किया – यही था क्या,
लक्ष्य तुम्हारा ?
कैसे समझाते जनक दुलारी को
देकर मृत स्वर्णमृग ।
तुम सर्व समर्थ – पर असहाय त्रियाहठ समक्ष
ध्येय चुत बन, किया स्वर्ण मृग वध
अशोभनीय था पराक्रम तुम्हारा
झूठी ओट ले, तुम हो गए कर्मरत
शुरु हो गया अभिमान तुम्हारा
वनवासी राम, प्रारंभ किया आखेट असुरों का
नहीं रोक सकी, खुद को उस क्षण
उफन पड़ा सदियों का दावानल –
उगल दिया रोष अपना, प्रभु राम पर ।
शापित कर दिया मैंने उन्हें

दे दुहाई, अपने संचित कर्मों की
सुखी नहीं रहोगे – राम तुम भी,
तुम भी जलोगे इस अगन में
फिर जाएगी मति तुम्हारी ।
हे अविनाशी, मानुष बन जाओगे
न उलांघ सकोगे मर्यादा अपनी
परित्यक्त कर दोगे, प्राणप्रिया, सीता अपनी ।
डस लेंगे, मेरे दु:ख , मेरा अहं ।
तुम अब क्या बने हो निर्मोही
जब जब लोगे अवतार प्रभु
तिल-तिल कर जलाओगे भक्त अपने
तुम बसे रहोगे कण – कण, पर ढूंढेंगे
भक्त तुम्हारे दस दिशा –युगांतर ।
गुहार कर होंगे बेकल, यही वानर यूथ,
पर तुम रहोगे निर्लिप्त ।
जिन चरण स्पर्श से पाषाण हुआ जीवंत
जिनके कर कमलों से तैर गया पाषाण
खो बैठोगे इनको, बन जाओगे –
श्रीजगन्नाथ ।
और तुम सुनो लखन लाल
भ्रातृप्रेम में तुम, हो शामिल
पुत्र विहीन किया मुझको
त्याग करेंगे प्रभु राम तुम्हें भी
ले डूबेगी तुम्हें, यही भक्ति तुम्हारी ।
ये आँसू मेरे न जाएंगे व्यर्थ
न जाएगा व्यर्थ, पुत्रवधुओं का विलाप
गूंजेगा रुदन हमारा
चरमोत्कर्ष होगी भ्रातृभक्ति तुम्हारी
जब छोड़ोगे इहधाम ।
कुछ नहीं कहा, प्रभु ने
वही मनमोहक मुस्कुराहट, तैर रही लबों पर
स्वीकार लिया, दे मौन सम्मति

लाज रख ली, वचनों की मेरी ।
मेरा रोष, प्रतिशोध ओझल हो गया
पल में छाया उजियारा मेरे हृदय ।
हाय, यह क्या कर डाला मैंने, बावरी बन
क्या सब कह डाला, उस उत्कट समय में
न रोक सकी काली जिह्वा अपनी ।
अपने दु:ख का बोझ
बढ़ा दिया - फिर एक बार, पालनहार पर
कर्त्तव्यरत राम नहीं चूके
हाथ धर सिर पर मेरे
सोख लिया - सारा आक्रोश, सारा अहं
उबारा परित्यक्ता के सागर से
अब देख पाई भक्त - वत्सल राम
अपने भक्त का उद्धार करने,
भागे मायावी मृग के पीछे
जो कहा भक्त को, पूरा किया
रूप धरा मानव का, जाने कितने कष्ट भोगे
भटके जंगल-जंगल, कंद-मूल खाए
घटने ना दिया मान भक्त का
ना दे सके कंधा
अपने पिता की अर्थी को
चरमकाष्ठा थी भक्तमोह की
पर विचलित न कर सका पितृमोह
कौन उलांघता-सौ योजन सागर
कौन करता मित्रता वानर- रीछों से
कोई चमत्कार, नहीं सर्वसंपन्न श्रीराम का,
मर्यादा रखी मानव जन्म की
भक्त से मिलने आ गये लंका
कौन भागता मायावी स्वर्ण मृग के पीछे
छोड़कर अर्धांगिनी अपनी, विकट दुर्गम वन में
अपनी ही माया में निर्लिप्त खेल रहे थे प्रभु
नहीं जान सकी मैं - विभीषण

कोई प्रेम ना था रावण का सीता से
कामांध ना था पति मेरा
सिर्फ ढोंगी था, याचक था -
सीता का, तब भी, अब भी
अजीब थी भक्ति राक्षस राज की
सारी लंका - सेवारत, सीता की ।
कब की सेवा राक्षसों ने सेवा किसी की
वह भी एक मानव की, नारी की
असंभव जो प्रतीत होता
संभव किया रावण ने
राक्षसी प्रवृत्ति से ओतप्रोत भक्ति
प्रभु से मिलने की असीम चाह
भक्त से मिलने की आतुरता
न मैं समझ सकी, न लंकापुरी ।
हाय रे विधि यह क्या कर दिया
हाय रे जिह्वा यह क्या कहला दिया
प्रायश्चित करना मुझे
आज्ञा दो विभीषण
मैं बन सकूं वनवासी ।
इच्छा नहीं रही राजविलास
तुम संवारो लंका का भविष्य
मुझ को लेना अब संन्यास
करने दो मुझे अपना पिंडदान
और नहीं जीने की कोई आस ।

विभीषण - नहीं राजमाता -
जो तब कहा - प्रतिशोध था
जो अब कह रही -प्रतिरोध
मत उलझो सही - गलत की गुत्थी में
कितने बचे अब संवारने भविष्य लंका का
टोह में सारे शत्रु निगलने इसे
आप भी विमुख हो गई, फिर
कौन दिखाएगा इसे सुपथ

प्रायश्चित करेंगी आप
पूरा कर श्रीराम का सुनहरा स्वप्न
लौटा कर एतिह्य लंका का
सजानी है हमें ध्वंसित अशोकवाटिका
राह ताक रहे बगिया के फूल
जल चुकी राक्षस राज दसानन की
नए सिरे से बसाना इसे
कैसे दे सकता मैं सम्मति
जब तक न देखूं स्वर्णिम लंका
ना पूरा कर सकूं प्रभु का स्वप्न
तुम्हीं कुछ कहो – प्रिय सरमा
रोको इन्हें – मत जाने दो इस मोड़ पर छोड़ ।

सरमा – सही कहा आपने – हे प्राणनाथ
माते – मत त्यागें अपनों को छोड़ मझधार
क्षीण ना होने दें शक्ति इनकी
प्रभु भक्ति के अनेकों रूप
कर्त्तव्यच्युत नहीं प्रभु का प्रेम
देखिये स्वर्णिम लंका – आज
खंडित, योद्धारहित, न कोई दूरदर्शी
शून्य राजकोष, ना ही कोई मित्र
सिर्फ बचे नाथ मेरे
साथ उनके चार अनुरक्त
और सर्वोपरि प्रभु का वरद हस्त
दयानिधान हैं वो सब कुछ कर देते क्षम्य
यदि बन सकी आप उनकी सेवारत
बनाना है प्रभु मंदिर अशोक वृक्ष तले
पनपेगा फिर सिंचित जल से
होंगे नित्य प्रभु दर्शन
अलौकिक शक्ति उनकी होगी संचरित
फिर से खिल उठेगा लंका कमल
ज्ञान, बुद्धि, कौशल में आप निपुण
कैसे अवकाश ग्रहण कर सकेंगी आप

छोड़ इतना बड़ा काज
अनुग्रह हमारा ना ठुकराएं
साथ हमारे, धर्म अपना निभाएं ।

विभीषण - मैं नहीं दो मत तुमसे,
विवेकशून्य नहीं निवेदन तुम्हारे
हे सुमुखी ! ना तोड़ पाएंगी डोर राजमाता
मजबूत और करेंगी रह साथ हमारे
निर्णय की घड़ी, बड़ी विकट
पर राजमाता, अभी असमंजस
यही घड़ी देगी नई लंका
इनका अब जो भी होगा मत
हमें शिरोधार्य, न बनेंगे हम कंटक ।

मंदोदरी - प्रभु की इच्छा, न कर सकती अवज्ञा
नहीं तुम गलत सरमा
अभी पूरे करने अधूरे काज
ना विचलित होना विभीषण
मैं संग तुम्हारे संवारने लंका का कल
चाहती लौट पाए अपना स्वर्णिम कल
धो कर अपना कलंकित पाषाण कल
डोर थामो विभीषण आगे बढ़ो
जो बनेगा मुझसे, नहीं बनूंगी कर्महीन
नहीं रही चाह कुछ भी,
सिर्फ बीनना बिखरे तिनके
संजो, संवारना स्वप्न प्रभु का ।

विभीषण - धन्य हैं आप राजमाता
स्वीकारा आपने अनुग्रह हमारा
जिधर देखता ध्वंस अट्टालिका
जले प्रासाद खंडित परिवार
दबा जन मानस मनोबल
शत्रु मंडरा रहे चहुं ओर

भीतत्रस्त प्रजा, कमजोर व्यवस्था
कहाँ से करुं प्रारंभ, कौन -सी खींचू डोर
यही है वही प्रांगण, रोज प्रात: देखते
नमन करते अशोक वृक्ष, आशीर्वाद पाते
शुरू होता दिन हमारा आनंदमय
पर अब -

मंदोदरी - कुछ नहीं बदला अब
भयंकर बाढ़ आई थी बस
छोड़कर चली गई उर्वरा मिट्टी
जो विनाशक था, वही सृजन नूतन
ज्ञानी, कुशली संवरते इसमें
नहीं बैठते अधीर हो
न प्रलाप करते विनाश का
मेरे मत से प्रारंभ करो अभियान
सुदृढ़ करो राजकोष, मेरुदंड होता राष्ट्र का
इसी पर टिकता राजभार
महायुद्ध ने सोख लिया सब कुछ
शून्य होने को सारा कोष
अराजकता का प्रतीक, निमंत्रण देता घोर विद्रोह ।

विभीषण - राजकोष ही सही, एक मार्ग मिला
स्थितरप्रज्ञता अशांत कर रही मन को अब तक
अब दिखी रोशनी की झलक
धीरे-धीरे बढ़ाने पड़ेंगे डगमगाते कदम
सोच रहा, मिल आऊं भ्रता कुबेर
अपनों को मना अपना बनाना
नहीं ओछेपन का प्रतीक
भाई दसानन ने जो की कारगुजारी
रुष्ट हो, बन बैठे विमुखी
प्रेम संदेश से सींचना वंशवृक्ष
तभी रहेगा मान हमारा
शत्रु नहीं वो हमारे
पर बने रावण दर्प के शिकार

इसी बहाने कर सकूंगा, पिता श्री के दर्शन
मना कर लाना उन्हें, वे भी होंगे आकुल
जन्मा नहीं कुकर्मों के लिए हमें
वो कुंठित अभिलाषा, वो अधूरा स्वप्न
पूर्ण होंगे, पाकर आशीष उनकी ।

सरमा – अवश्य स्वामी, अब न करो विलंब
अपनों को मना शुरू करें महाप्रयोजन अपना
सारे कार्य होंगे निर्विघ्न
जब रहेगा साथ कुटुंबियों का
बिछुड़ कर भी, अपने रहते अपने
नम्रता, सहिष्णुता जन्म देती नया विश्वास
विश्वास ही मजबूत करता कड़ियाँ
बनाता भरा पूरा परिवार और सशक्त करता
समाज की नींव ।

मंदोदरी – मैं नहीं असहमत आपके विचारों से
अवश्य करो प्रस्थान कैलाश पर्वत
पर अब समय होने चला
कर लो पूर्ण विश्राम
मिटा लो अपनी थकान
शक्ति भर लो, सबल कर लो
करना तुम्हें नव अभियान
साकार होगा स्वप्न प्रभु का
सब कुछ उनका प्रयोजन
उन्हीं का रखना मान
उन्हीं की भक्ति, उन्हीं का खेल,
हम सब निमित्त मात्र – हम सब निमित्त मात्र ।।

❑❑

अंक-2

महाराज कुबेर अपने विश्राम कक्ष में विश्राम कर रहे हैं । दिन भर की थकान मिटा बाहर जाने के लिए उठे, तभी प्रहरी संदेशा लेकर पहुँचता -

प्रहरी - महाराज की जय हो
लंकाधिपति विभीषण का संदेश !
आज्ञा हो तो सुनाऊं ?

कुबेर - प्रहरी , क्या कहा तुम ने
लंकाधिपति विभीषण
अलकापुरी में !
यथा शीघ्र लेकर आओ

प्रहरी - अवश्य - महाराज !

विश्राम कक्ष में महाराजा विभीषण का प्रवेश । महाराजा कुबेर देख उन्हें स्तंभित से खड़े रह जाते हैं । बड़े भाई कुबेर का चरण स्पर्श करने जैसे ही झुकते हैं, महाराजा कुबेर तत्परता से अनुज विभीषण को हृदय से लगा लेते । अश्रुओं की धार अनवरत बह रही दोनों के नयनों से । तभी विभीषण कह उठते -

विभीषण - प्रणाम स्वीकार करें भाई
जाने कितने दिनों से आतुर ये नयन,
यह मन आपके दर्शन को
अब जाकर आई सुमंगल घड़ी
धन्य हो गया पाकर दर्शन ।

कुबेर - अहोभाग्य मेरे, मेरी अलकापुरी में
पधारे तुम विभीषण
पावन कर दी यह भूमि ।
हे विभीषण हे धर्मात्मा !
तुम हो धर्मराज, तुम हम सबसे निराले

तुम हो सर्व प्रिय, पुलकित मन मेरा
हृदय से लगा प्रसन्नचित्त मन मेरा
कैसे हो अनुज मेरे
कैसी है देवी मंदोदरी, सरमा
कैसी हमारी लंका
निसंकोच कहो जो भी हृदय में आपके ।

विभीषण - भ्राता कुबेर - नहीं आप अनभिज्ञ
जो घट रहा साथ हमारे ।
धूमिल हो रहा शौर्य लंका का -
सब पथभ्रष्ट, अब पथहीन
सारे मतिहीन, अब गतिहीन ।
एक के बाद एक सारे महायोद्धा
चढ़ गए बलि, रावण की विमूढ़ता पर ।
विरासत में मिली लंका, लुट चुकी जिसकी पराकाष्ठा
जिसे देख, देवता, नाग, किन्नर
थरथराते, कांपते कसमसा रह जाते
दूर से सिर्फ देख होते प्रसन्न !
काश, एक दिन गुजर सके इस धरा पर
आज वही सब मंडरा रहे चहुं ओर ।
वही मदकता अब तैर रही आँखों में
जो देखी मैंने रावण में
मदहोश-सा खो गया वह,
जो देखी लंका पहली बार
उचित- अनुचित त्याग चुका था
युद्धाभिमुखी हो आप से छीन ली
नहीं जानता प्रेम की शक्ति
था वह आसुरी बुद्धि से ओतप्रोत
छीन सकता, संहारक ।
मांगता आपसे प्रेमपूर्वक, सस्नेह भोगता
पर अनमोल प्रेम हीरा, पत्थर समझा दुराचारी
कब समझ पाया, सूक्ष्मता भावनाओं की ।

कुबेर - मैं नहीं सहमत, विचारों से तुम्हारे

जो भी किये दुराचार रावण ने
सोच कर दहल उठता मन मेरा
एक ओर राक्षस प्रवृत्ति दूसरी ओर ब्रह्म वरदान
अजेय पराक्रमी, अभय निष्कंटक
सब कुछ किया रावण ने जो अस्पृश्य था
पर व्यर्थ यह सब इस समय
ज्ञानी, धर्मी, गुणी - सब कुछ कर देते क्षम्य
अब न रहा रावण, न उसका दंभ
क्यों व्यर्थ करें दुराचार का स्मरण
पल में भस्म हो गया, पापी
ले हृदय पर रघुपति के बाण
अविनाशी होते धर्म अधर्म
सत्य- असत्य और पाप -पुण्य
पापी के नाश पर मिटता नहीं पाप
विलीन हो जाता ब्रह्म में,
फिर ढूंढता कोई कमजोर व्यक्तित्व
धीरे-धीरे फैलाता अपने विषडंक
ग्रसित कर लेता पूर्णता -
अमावस का चंद्र बन
सब में बसते पाप-पुण्य समान
सब में समान धर्म -अधर्म
संगत का असर, विकास करता
रंग देता, व्यक्ति का मानस चित्रपटल
अद्‌भुत बना रावण का चरित्र
महाज्ञानी, महापंडित, पर आसुरी
घिरा रहा चहुं ओर, आसुरी शक्तियों से
बचपन से यौवन तक माँ कैकसी ने संवारा
यौवन में घिरा रहा मामा मारीच और सुबाहु से,
राक्षसी
घुट कर रह गया सारा ज्ञान
विकसित कब हो पाया रावण
आसुरी मूर्छा में, उन्मत्त बन गया दुराचारी

नहीं रोक सका चाह कर भी कुकर्म अपने
जलता रहा रोज ग्लानि अगन में
बड़ा ही कठिन जीवन पाया, दसशीश ने
कोई नहीं काट सकता ऐसा जीवन ।
कौन खा सकता व्यंजन, देख तैरती मक्खी
पर रोज कूदा खड्ड में,
रोज ग्रहण करता दूषित भोजन
सिर्फ बस में था रावण के ऐसे दुष्कर कर्म
वह था प्रवीण वेदज्ञ प्रकांड ज्योतिष
रोज देखता राक्षसी अत्याचार, व्यभिचार
चुपचाप सहा उसने सब मनन कर लिया
सोचो विभीषण – ऐसे तपस्वी
क्यों मांगा, मनुष्य के हाथ अपना मरण ?
जानता था तुच्छता राक्षसी समाज की
समझ गया था विकृतता मायावी शक्ति
संदेश दे गया सारी मानवता को
तुच्छ नहीं तुम – हे नर
अलौकिक हो तुम, सक्षम हो
कर्मठ बनो तो पा सकते ब्रह्मलोक !
प्रेम, सहिष्णुता, मानसिकता जो भरी पड़ी तुममें
कमजोरी के नहीं ये प्रतीक
अभेद्य कवच हैं तुम्हारे
मानवता के चरम उत्कर्ष हैं श्रीराम
सीखो इनसे कितने सहज भाव से निभाया
अपना लिया तुच्छ वानर, रीछ, गीध को
सर्वनाश कर दिया लंका का,
पल में, धराशायी कर दिया विश्व विजेता रावण ।
यही तुम्हारी शक्ति, विकसित करो इसे
स्वयं देवलोक से आते लीलाधारी
दिखलाने विनाशकता इसकी ।
रावण ही ला सकता था प्रभु को
करने अपने वंशजों का उद्धार

तुम और मैं क्या – कोई नहीं इस त्रिलोक में
जी सके ऐसा दोहरा जीवन ।
दुश्वर ही नहीं, अति दु:खदायी
रावण का जीवन यापन ।
अतीत में झांको, देखो भ्राता विभीषण
रावण की कूटनीति – क्यों धरा द्विज भेष
स्वर्ण मृग के पीछे दूर भगाया प्रभु राम
युद्ध कर, परास्त करना नहीं था असंभव
कोई ना था संगी साथी निर्बल थे महाबली राम
सीता को, युद्ध कर लाना लंका में
होता परम शक्ति प्रदर्शन
परास्त भी हो जाता तो वीर गति पाता
परम धाम पा तर जाता ।
पर नहीं, विभीषण
उकसा रघुकुलमणि
सागर बंधवा, ले आया
प्रभु राम रूपी पावन गंगा ।
बहा ले गयी शक्ति आसुरी
पावन कर दी लंका
जो असहज था प्रतीत
सहज कर – विलीन हो गया दुष्कर्मी रावण
ठोकर मार तुम्हें भेज दिया प्रभु राम के निकट
अधर्मियों के संहार में, धर्म की कर दी रक्षा
भविष्य लंकापुरी का सुरक्षित कर
रावण ने कर दिया सब संभव ।
आसुरी नीति, अंत तक – ना त्यागी
जो भी किया, राक्षसी प्रवृत्ति का कर अनुसरण
अति अद्भुत मेल–आसुरी प्रवृत्ति, आसुरी भक्ति
वह विकराल, हृदयविदारक रुदन, शिशु बन
दहला दिया त्रिभुवन
बस गया रावण के मृत्युपर्यन्त ।

विभीषण – हे भ्राता कुबेर

धन्य हैं आप –
जो मन में पल रहा स्नेह करुणामय
उंडेला आज अन्तर्मन मेरे ।
नहीं तिल भर भी संदेह मुझे
अब तक स्नेहामृत बरस रहा, हम पर ।
कोई रोष नहीं, ना कोई कटुता
जो भी रुष्टता दिखलाई रावण ने ।
बड़प्पन का रखा मान आपने
सप्रेम सौंप दी लंका ।
तृण भर ना घटा प्रेम
कर अक्षम्य रावण को क्षमा
रावण को जकड़ रखा था
राक्षसी अजगर ने
नाना सुमालि ने भूख मिटाई
चढ़ा कर रावण की बलि
अपने स्वार्थ में विलीन हो
दसानन को बनाया रावण
बलशाली परम, अति प्रकांड बुद्धिमान
असहाय हो गया, नहीं छुट सका चंगुल से
ज्ञान विवेक से निष्फल हो
दुराचार की चरम सीमा लांघी ।
सदाचार का प्रयास असफल होता देख
पूर्ण रूप से रम गया भ्रष्टाचार में –
अनैतिकता का सहारा लिया
पर ध्येय उसका चूका नहीं
नाव राक्षसों की पार लगा
पहुँच गया स्वधाम ।
लौट रही अब, करनी उसकी
लुट गया शौर्य लंका का
जो भी बचा खुचा छोड़ा महाबली हनुमान ने
धूमिल हो गया महायुद्ध पश्चात ।
श्मशान भूमि से बदतर अब लंका

जो कभी होती इंद्रलोक से सुन्दर
पतझड़ के पत्तों – से बिखरे अभेद्य दुर्ग
सूखी दूब की तरह टूटने को राक्षस मनोबल ।
सारे पड़ोसी राज्य
डाल रहे लोलुप नजर ।
कभी भी हर सकते इसका चीर
अतिशीघ्र न हुआ कोई अभियान
न बच सकेगा लंका का मान ।
कोई नहीं बचा अब
जो दिखा सके सही पथ
दिग्भ्रमित लंकावासी, मैं अत्यंत विचलित ।
क्या करुं सूझ ही न पड़े
यह समय हमारे लिए विकट ।

(तभी दस्तक सुन कुबेर दरवाजे की तरफ प्रस्थान करते । दरवाजे पर खड़ा प्रहरी निवेदन करता।)

प्रहरी - महाराजा कुबेर की जय हो
यदि आज्ञा दें तो कुछ कह पाऊं ।

कुबेर - कहो प्रहरी
आज्ञा तुम्हें ।

प्रहरी - प्रभु, महर्षि विश्रवा पधारे हैं
आपसे मिलने की प्रतीक्षा
आज्ञा हो तो कक्ष में लाऊं ।

कुबेर - अवश्य प्रहरी
पिताश्री इस वक्त
अचानक – अवश्य कोई होगी गंभीर बात
अति शीघ्र उन्हें सादर लाओ
दास, दासियों से कहो
उनकी सम्मान के लिए तैयारियाँ करें ।

(प्रहरी का प्रस्थान । एवं कुछ क्षणों बाद महर्षि विश्रवा का आगमन । कुबेर एवं विभीषण उनके चरण छू कर आशीर्वाद लेते हैं । महर्षि विश्रवा अपना स्थान ग्रहण करते हैं । महाराज कुबेर एवं विभीषण भी अपने स्थान पर बैठते हैं ।)

विश्रवा - रोक न पाया खुद को

जब सुना विभीषण तुम आये अलकापुरी
कितने दिनों से हृदय से लगाने की आस
पूरी हुई मेरी आज ।
हे विभीषण धर्मराज
राक्षसकुल में होकर भी
तुमने निभाया धर्म का साथ ।
धन्य हूँ मैं, तुम को पाकर
तुम अब बन बैठे राम- सखा
यह तुम्हारे सुकर्मों का फल
जो पा सके यह पुण्यधाम
देख पुत्र कुबेर -
सौभाग्य लंका का, जो पाया ऐसा निपुण महाराज
बिरले होते साम्राज्य पाते गुणी धर्मी सम्राट
जो टूटी धूसरित हो गई
वो थी अधर्मी कुत्सित लंका
तुम सजाओगे संवारोगे इसे
और बढ़ाओगे इसका मान ।

कुबेर - पिताश्री ! धन्य है विभीषण
कारण जिसके, पधारे आप
पावन कर दी अलकापुरी मेरी
पाकर चरण धूल आपकी ।
प्रयोजन विभीषण का,
अति गंभीर और नीतिपूर्ण ।
कैसे कहूँ दुविधा का जाल
आप ही सुझाएँ कोई मार्ग

विश्रवा - कुबेर, कहाँ दिख रही कोई दुविधा
जो मैं देख रहा, क्यों नहीं दिख रहा तुम्हें
और तुम विभीषण, क्यों विचलित ?
जो भी थी दुविधा हर ली प्रभुराम ने
अब तो वरद हस्त श्रीराम का
व्यर्थ चिंतित, तुम विभीषण ।
कौन कर सकता बैर, उस नगरी से

जिसके स्वामी हों स्वयं प्रभु राम ।
क्यों तुम समझते स्वयं को एकाकी
कैसे, भूल गये श्रीराम प्रतापी
वो ही भव भव भंजनहारी
अखिलेश्वर, लीलाधारी ।
मैं होता व्यथित - देख - दुराचारी
व्यभिचारी, अत्याचारी दानव
घेरे रखे लंका चहुं ओर ।
और उन सब में अधमाधम
अधोमति में सर्वोपरि रावण ।
सही नाम रखा, चिंतामणि प्रभु शंकर ने
सत्य पहचानी प्रकृति दसानन की
जहाँ भी रहेगा, जो भी रखेगा साथ
कंपन होगा सिर्फ रोदन ।
शायद खुद को क्षमा न कर पाऊं
गुरु बन शिक्षा दी - कुपात्र को ।
विद्या शक्ति, होती सबसे प्रचंड
पुत्रमोह में - भूल गया राक्षसी कुचक्र
सारा ज्ञान उंडेल, पूरी की अभिलाषा अपनी
जाने कहाँ चूक गया, क्या कमी रह गई
पुत्र स्नेह ने जाने दिया
बह गया समय की धार सह, दूर बहुत दूर ।
नोंच - नोंच, हृदय विदीर्ण किया उसका
सारा ज्ञान ग्रसित हो गया,
ओतप्रोत राक्षसी संस्कृति में ।
मेरा कुलदीप, मेरा अहं
हार गये असुरता के समक्ष ।

विभीषण - ऐसा क्यों सोचते आप
आपने हारा कुछ भी नहीं
खरा सब कुछ -सत्य और धर्म की कसौटी पर ।
आपका ज्ञान नहीं गया व्यर्थ
और निखर गया - समय की धार पर

जो कमजोर था, विवश था
बह गया, सशक्त हो रहा
प्रकाशमय कर रहा ब्रह्मपुंज ।
कीमत नहीं होती हीरे की
जब तक दबा रहता, घिरा रहता
कोयले की खदान में ।
तराशता कुशल जौहरी
सारे अवगुण छांट परे करता
तब मोल होता खरीददारों के बीच ।
कोयले नहीं तराशे जाते
सच्चा जौहरी, ढूंढ लेता बेशकीमती हीरा ।
आपने भी पाया हीरा
तराशा उसे देकर अपना ज्ञान
गलत हाथों में पड़, दुरुपयोग में लाया गया
आपका घटा नहीं कोई सम्मान ।
आपकी बातों ने बंधाया, मेरा धीरज,
भूल गया क्षणिक प्रभु राम का वरद हस्त ।
पास रखी चीज ही, कर देते अनदेखी
जो सहज मिल जाती, वही हो जाती बेमोल
उस पर मेरा स्वभाव,
पल को भूल गया, अनमोल प्रभु राम का साथ ।
अब तक शायद मिटा नहीं
अघोर लंका का प्रभाव ।

कुबेर – हे भ्राता विभीषण
तुम मत होना अधीर, मत होना लक्ष्यभ्रष्ट ।
कब कौन था योद्धा महान
बसे हुए मतिहीन ।
शिखर पर रखी शिला
लुढ़क जाती, खंड-विखंडित होती
यदि न रहे बंधी सशक्त मूल
धीरे-धीरे होते, पर्वत विशाल धूमिल ।
यही हुआ साथ लंका के

सशक्त सूक्ष्म धर्म के कण
धीरे-धीरे उड़ गये -आततायी कर्मों से
कर गये विकलांग -रथी- महारथी
असहाय विचलित था रावण
देख अधर्मी नीतिहीन परिवेश ।
तुम पर अब छोड़ गया, लंका का भार
तुम व्यर्थ चिंतित, लंका अब बनेगी सशक्त ।
भाई आपका धनराज ।
और आप चिंतित अर्थ को
सखा आपके प्रभु श्रीराम
और निर्बल समझ रहे स्वयं को !
किस दुविधा में घिरे आज
जो देख नहीं पा रहे धर्मराज ।
शोभा नहीं देता ऐसा भ्रम
स्वजनों को भूल कैसे हो रहे हैं हतप्रभ ।

विश्रवा - कितना निश्छल तुम्हारा भ्रातृप्रेम, हे कुबेर
जो दिखला रहा भाई विभीषण को,
मनोबल कर रहा सशक्त, यह था जो बड़ा नाजुक
नया मोड़ ले रहा, लंका का इतिहास
सदियों तरसा इस मोड़ को
सहज, संभव बना रहे, देकर
बुद्धिमान विवेकी सदैव खुद को समझता निर्बल
अभिमानी विवेकशून्य,
सदैव दूसरों को समझता निर्बल ।
तुम नहीं निर्बल, हे धर्मज्ञ विभीषण
सब हैं साथ तुम्हारे, तिल भर भी ना हो विचलित
शत्रु हो जाएंगे मित्र, जो अभी प्रतिकूल
वही, हो जाएगा अनूकूल -
पर बनना होगा तुम्हें कर्मठ कर्मरत
जो जैसा समझता, वही कार्य करता
ना हीं कोई देव यहाँ ना कोई दैत्य
यह नहीं जन्मफल, केवल कर्मफल ।

कर्म प्रधान यह ब्रह्मांड
और ज्ञान निर्धारित करता कर्म काण्ड ।
ईर्ष्या, काम, क्रोध, मद, मोह, लोभ-
बड़ी तेज होती, इनकी ज्वाला ।
तपन में इनकी जल, निखारो व्यक्तित्व अपना ।
अगन में इनकी मत बनो राख
तुम्हारे सत्य, ज्ञान, धर्म बचाते झुलसने से
प्रतिस्पर्धी बनो, ना बनो प्रतिहिंसक ।
मत करो स्वप्न अधूरा, रावण का -
अपनी बलि चढ़ा, जो देखी स्वर्णमय लंका ।
अनभिज्ञ ना था अंत से अपने
जानता विधिलेखा, नर के हाथों पहुँचने यमलोक ।
त्रिलोक विजयी दसानन, चुन ली मृत्युलोक में लंका
कहीं भी बना सकता अभेद्य दुर्ग अपना,
देवलोक, नागलोक, इंद्रलोक स्वर्गलोक
कौन रोक सकता था पराक्रमी रावण का प्रचंड कोप
कोई नर नहीं जा सकता सदेह इन लोक
सिर्फ रावण ने चुना था अपना मृत्यु स्थल
सारे पराक्रमी योद्धा, वीर, पराक्रमी
लेकर बनाई लंका सुदृढ़, जो भी विजय किये लोक
न रखा कोई अपना प्रतिनिधि
जो भी जीता, लौटा कर मान रखा
सब राक्षसों का मेल किया
आततायी, घर में नहीं मचाता आतंक
समझ बूझ का परिचय दिया दसानन
सारे लोक उन्मुक्त रहे, मगन रहे ऋषि मुनि
कोई ना रहा भयभीत
सुदुर्ग लंका-घिरी महासमुद्र से चहुंओर
नाना आडंबरों से भरी, जो भी आता एक बार
फिर द्वार बंद उसके, बाहर न जाने का कोई प्रयोजन
पतंगों की तरह, सारे राक्षस आ पहुँचे लंकादीप ।
इंतजार किया रावण ने, दीप की ज्वाला

जो धर चुका, स्वरूप प्रभुराम का ।
देख रहा रावण प्रचंड अगन ज्वाला की
कोई चेष्टा इसे मिटाने की
नहीं की लंकेश ने ।
बढ़ने दी शक्ति इसकी, प्रज्वलित किया और
ब्राह्मण बन जब चुरा ली सीता
प्रखर होते देख रहा रावण, जब त्यागे बाली ने प्राण
तनिक विचलित ना हो, उकसाया पतंगों को ।
सिर्फ तुम्हीं थे, जो कर सकते
प्रयास उसका विफल ।
वह लात तुम्हें नहीं, धर्म को मारी
धर्मी –अधर्मी पृथक होना था
फटे दूध की तरह अलग लिया तुम्हें
जाने दिया सशरीर श्रीराम चरण ।
वही रावण पहुँच गया रामेश्वरम्
कर शिवलिंग स्थापित,
पूरी की श्रीराम की अभिलाषा
पल में नहीं हुआ रावण वध
पूरा समय मिला करने श्रीराम ध्वस्त
पर रत्ती भर भी, ना किया कोई प्रयास ।
नहीं करता कोई ऐसे अनदेखा
जब आसन्न हो मरणान्तक युद्ध ।
नहीं बढ़ने देता शक्ति शत्रु की
रोक मिटाता शत्रु, कोई भी क्षण ।
कर सकता था सारी पृथ्वी नर विहीन
समर्थ था, पर नहीं हरे एक भी नर के प्राण
महामायावी रावण, रच चुका अपना मृत्युजाल
साथ अपने किया अपनों का उद्धार
यही एक मौका मिला,
जाने फिर कब लें नारायण अवतार
सारे राक्षस, बसे कहीं भी हो
दण्डकारण्य या पाताललोक

सबको दिया परम धाम
ऐसे दुश्कर्मी, पापियों का
इससे बढ़कर – क्या हो सकता सुखद अंत ।
कोई योद्धा प्रभुराम का – नहीं पहुँच पाया परमधाम
प्रताप नहीं सिर्फ गुणनिधान का –
हाथ बड़ा था, इसमें रावण का ।
कोई बैर नहीं राम रावण के बीच
फिर क्यों बोया ऐसा बीज
तुच्छ समझता रावण, नर वानरों को
शत्रुता होती– पड़ोसी से
नहीं करता बैर कोई – तुच्छ,
नीच, हीन प्राणियों से
ना हरता, कोई स्त्री उनकी ।
प्रभु राम तो बने वनवासी,
निभा रहे पिता के वचन
वो तो भवभयभंजन, अजातशत्रु, महापराक्रमी
फिर उनसे बैर कैसा ?
बैर करने को, थे अनंत द्वार
सीता हरण ही नहीं, एक अन्यतम मार्ग
मायावी के सोन मृग के पीछे
भगाया प्रभु को अनायास
बिठा दिया सोने की लंका में
क्या, नहीं यह था प्रभु का प्रयास ?
लीलाधारी पुरुषोत्तम – अनंत उनके खेल
समझ, मौन धारण कर लेते – मुनि, ज्ञानी
कैसे करे कोई, इनसे नाहक तोल–मोल ।
निश्चिंत मृत्युवरण की – प्रभु के हाथ
देकर तुम्हें लंका का भार ।
जो जल कर भस्म हुआ, वो था पापी रावण
अब बस रहा, ध्वज लंका के
ज्ञानी, गुणी, महापंडित दसानन ।
प्रेम का देखो, यह अद्‌भुत स्वरूप

समा गया वह वीणा में, स्वरों के साथ अनुरूप ।
जो साधेगा इसे, वही बनेगा
प्रवीण, पराक्रमी, कुशल विवेकी ।
आत्मबलि होती सर्वोपरि
करने जनमानस का कल्याण
मत जाने देना व्यर्थ यह बलिदान
तुम सफल करो स्वप्न दसानन का
कर प्रभु राम के चरण कमलों का ध्यान ।
दुश्वार लगता पर, असंभव नहीं,
जनहित लागी, जो भी हो काम ।
सफल बनोगे तुम, कोई दो राय नहीं
हे विभीषण, पूर्ण कर यह कार्य, तुम लेना विश्राम ।

विभीषण – शीतल, मंद, सुगंध पवन जैसे
मन को भाये, आपके विचार
हे पिताश्री , सुन आपके मधुर वचन
शांत, प्लावित, मेरा विचलित मन ।
अनुग्रह मेरा आपसे, न करें इसे अस्वीकार
साथ मेरे आप भी चलें, करने लंका पुनरुद्धार ।
यही निवेदन मेरा भ्राता श्री से
करता, चरणों में बारंबार ।
साथ आप दोनों का, इस कार्य में
बढ़ाएगा मानसिक बल मेरा ।
बुद्धिजीवियों की अति आवश्यकता
करने देश का पुनरुद्धार
इन्हीं के कंधों पर देश
चलता पथ – नवनिर्माण
नई दिशा, नया मोड़, नया इतिहास
सिर्फ बुद्धिजीवियों के बस का ।
सीमित शक्ति राजनीति की
सुरंगी दृष्टि इसकी, नहीं देख सकती समग्र मूल
राजनेता से ज्यादा बुद्धिजीवी
कर सकते सफल, यह लंका का नवकलेवर ।

मेरा ज्ञान, सीमित मेरे साधन
पग उठाना भी चाहूँ – तो भय लगता
कहीं निष्फल ना हो, यह प्रयोजन ।
साथ आप दोनों का अत्यावश्यक
दे सकेंगी जन्म – वो नीतियाँ
जिन पर चल लंकावासी पूरा करेंगे
सुस्वप्न दसानन का ।
मैं बड़भागी , पाया साथ रघुनाथ
लंका हमारी रहेगी सदा सुहागनी
पाकर सौहार्द आपका ।
विनय मेरी ना ठुकराएँ
पधारें लंकापुरी, देकर दूरदृष्टि आपकी
कृतार्थ उसे बनाएँ ।

कुबेर – अवश्य भ्राता विभीषण
मैं तुम्हारे हर पल साथ
नहीं छोड़ेंगे पिताश्री भी तुम्हें
इस पल – मझधार ।
जो भी ज्ञान, नीति, धर्म, कर्म
सीखा मैंने, उंडेल दूंगा
कसर न रखूंगा कोई भी
सफल करने तुम्हारा प्रयास ।
जब चाहो – स्मरण मात्र कर लेना
पाओगे निकट अपने परिस्थिति कितनी भी हो विकट
फिर नए सिरे से बनाएँगे सुदृढ़ लंका मिलजुट ।
मेरा भी स्वप्न होगा साकार
आकर लंकापुरी में मेरी भी अभिलाषा
नवनिर्मित लंका में मेरा भी कुछ योगदान
कैसे भी हो, अब नहीं अनावश्यक कारण ।
हे प्रिय अनुज मेरे – अनुग्रह तुम्हारा
मुझ को नहीं अस्वीकार
लंका मेरी, अब भी अति प्रिय
शत शत नमन मेरा, हिलोरें ले मन कहता बारंबार

विश्रवा - अहो भाग्य मेरे, जो पाये पुत्र ऐसे
विकट परिस्थिति में भी जो साथ-साथ
यही अमृतमय गंगा बहती धर्म में
यही हर धर्म का, हर समाज का सार ।
भ्रातृ भक्ति तुम दोनों की अद्वितीय
सींच लंका की धरती खिल उठेगी
जगमगायेगी, हर लंकावासी के घर का कोना ।
सही कहा विभीषण तुमने -
राजनीति स्वार्थों में होती ओतप्रोत
सफल नीति स्वराष्ट्र की रहती इससे अछूती ।
धर्मनीति पर गढ़ी जाती नयी व्यवस्था
जन्म देती यही नयी विधाएँ
धर्मनीति में नहीं राजनीति का स्थान
पर राजनीति में धर्मनीति का रहना अनिवार्य ।
सफल सुशासक पहचान, करते राजपरिचालन
अराकता का अजगर, वरना कर लेता
पूरा ग्रसित राज सम्मान ।
त्रसित जनतंत्र, त्रस्त भयाकुल जन मानस
देख धर्म में राजनीति जो होता विनाश सूचक
भयावह होता परिणाम जब गूंजती खामोशी
और धर्मजीवी, बुद्धिजीवी - रहते सब चुपचाप ।
प्रलय से कम नहीं समय ऐसा -
काल तक थर्रा जाता, देख समय की ऐसी चाल ।
धर्ममय राजनीति होती सदैव जनहितकारी
पर राजनीतिक धर्म से बढ़ नहीं कोई विनाशकारी ।
परे मत रखो राजनीति से धर्म -
करता काम सोने पे सुहागा-सा ।
नयी राजनीति लेती है जन्म, लंका के धर्म से
तभी नयी करवट लेगा समाज लंका का ।
यही मोड़ ठीक पहचाना हे धर्मावलंबी विभीषण
इसी मोड़ के परे, तुम देखोगे भविष्य सुनहरा
जो भी दिया - ज्ञान, धर्म, कर्म, शास्त्रों का

देख रहा ज्योति प्रखर प्रभामंडल तुम्हारे ।
नहीं ठुकराऊँगा अनुरोध तुम्हारा –
सोच रहा – ब्रह्मलोक जा दर्शन करुं पितामह के
पुनीत आशीर्वाद लेकर आऊं, तभी होंगे सब साकार ।
महायज्ञ का करो प्रयोजन
अब ना हो कोई विलंब
भाई अगस्त्य को भी करना मुझे अनुरोध
पधार महायज्ञ पूर्ण करें सर्वकार्य और
रखें नींव नवयुग की, धन्य-धन्य करें सबको
बन सब लंकानगरी के आधार ।

विभीषण – अवश्य पिताश्री, शिरोधार्य आज्ञा आपकी
यह पुनीत अवसर न जाने दूंगा व्यर्थ
करूँगा आयोजन महायज्ञ का
साथ में रहेगा इंतजार
लंका, लंकावासी व मुझे
आगमन भ्राताश्री का
एवं आपका, पितामह के कमंडल के जल का
शुद्ध हो जाएंगे, पावन हो जाएंगे
सारे लंकावासी, सारे चर-अचर
जो बस रहे धरा पर
पाकर, बूँद एक मंडल से ।
आज्ञा दें पिताश्री, भाई कुबेर
सफल हो सकें मनोरथ सबके
निर्विघ्न संपन्न कर सकूं कार्य अपना
पाकर सौहार्द, सुफल आशीर्वाद सबका ।

कुबेर – स्वीकार निमंत्रण तुम्हारा
हे विभीषण आऊँगा अवश्य मैं लंकापुरी ।
पर कुछ दिन तो ठहरें आप और पिताश्री
स्वीकारें आतिथ्य, करें मुझे कृतार्थ ।
अभी जाने का न करें अनुरोध
साथ रह हम सब बितायें कुछ पल
जाने फिर कितने बीतें युग

और कब आये घड़ी ऐसी सुनहरी !

विश्रवा - हे पुत्र कुबेर ! अनुचित नहीं अनुरोध तुम्हारा
ना मैं, ना विभीषण कर सकते अनदेखा ।
पर अभी आया नहीं समय विश्राम का –
जो कार्य संपन्न करने का, उठाया भार हम सबने,
पूरा कर मिटायेंगे थकान हम सब ।
समय रहते करना पूरा अभियान
तभी रख सकते लाज अपनी
कर सकते प्रभु के स्वप्न साकार ।

विभीषण - अवश्य पिताश्री –
नहीं अनभिज्ञ भाई, इस प्रयास से
अवश्य स्वीकारेंगे आतिथ्य हम सब
पूरा कर अभियान हमारा ।
अब आज्ञा दें पिताश्री एवं भ्राताश्री
पहुँच लंका करूँ कार्यारंभ
पथिक मैं, मंजिल से पहले न लेना विश्राम मुझे
कठिन डगर, पर मजबूत इरादे
साथ मार्ग दर्शक आपसे विद्वत
पाकर रहूँगा मंजिल अपनी,
चाहे आएँ कितने – राह में मार्गकंटक ।

❑❑

अंक-3

सरमा - हे प्रिय ! आपका चेहरा देख
लगता नहीं, अब मन में कोई शिकन ।
जो कदम थके-थके से उठ रहे थे
वही उठ रहे धप्प - धप्प कर ।
सफल रही यात्रा आपकी
साथ पा सौहार्द अपनों का
मनोबल छू रहा, आसमां की ऊंचाइयाँ ।
देख रही - आत्मविश्वास में ओत-प्रोत मन
सब कुछ हो सकता - समर्थ अब ।
जरा राजमाता मंदोदरी को भेजूं संदेशा ?
वो भी बेकल मेरी तरह -सुनने
कैसा रहा प्रयोजन आपका ?

विभीषण - अवश्य भेजो, संदेशा राजमाता को
सब कुछ सुनाऊंगा, सविस्तार
मैं भी अधीर जो कुछ बिता कर आया
जो सब करना प्रयोजन भविष्य का
अब नहीं करना विलंब क्षण भर ।

(प्रहरी संदेशा राजमाता मंदोदरी तक लेकर जाता । राजमाता मंदोदरी का प्रवेश । सब यथा स्थान बैठते हैं और विभीषण अपना यात्रावृतांत संक्षेप में सुनाते हैं ।)

विभीषण - जो समय मैं आया बिताकर
सुखद अनुभूति, कंपन कर रही रोम-रोम मेरे
स्वप्न में ना सोचा पिताश्री के दर्शन
धन्य हो गया, पा आशीष वचन उनके ।

भाई कुबेर के मंतव्य, थामे डगमगाते कदम मेरे
और दिखाया सुपथ पिताश्री ने ।
बड़े अजीब होते ये सब रिश्ते
जोड़े रखती सबको अनदेखी डोर
मजबूत इसकी कर पाते
जब घिरती नाव जीवन की मझधार में
कहीं कुछ ना सुझाई देता, ना आता समझ
जाने सहजता से उबार लेती
खींच मझधार की भंवर से -
सशक्त बना, नई दिशा को मोड़ती ।
क्यों नहीं समझ पाते हम सब
पिरोए हुए इस डोर से ।
टूटने से भी नहीं टूटती
अहं में अपने डूब- समझते नगण्य इसे ।
पर तुच्छ नहीं यह - अनमोल
पनपती प्रेम के सागर में
मजबूत होती विश्वास में लिपट ।
मेरा विचलित मन - पा पिताश्री के आशीर्वचन
अब आत्मविश्वास से ओतप्रोत
फूंकने नवजीवन तत्पर ।
जो प्रयोजन दिख रहा भीषण, विकराल पर्वत शिखर
अब मेरी आँखों में बस रहा
एक धूलकण बनकर ।
जो कुछ कहा भ्राता कुबेर ने
बस गया सब मेरे रोम रोम
प्रभु राम का वरद हस्त मेरे मस्तक पर
दिखलाया भाई कुबार ने
मेरा ज्ञान, धर्म, संबल सब कुछ
फिर जगाया सुना पुनीत वचन
धन्य मैं पाकर ऐसा भाई जिसने
हर ली सारी विपदा मेरी ।
ललकार रही चुनौती बन मुझे

पल में सहज कर दिया - दिखला सहज मार्ग ।
संबल सारा अपना सौंप दिया मुझे
और पिताश्री ने दिखलाया मार्ग
चल कर उसपर अब तय करनी मंजिल ।
कितना सहज, लग रहा सब कुछ
प्रयोजन सबका अब ना होगा विफल ।

मंदोदरी – हे विभीषण !
अनुभव मेरा, कभी ना गया विफल
जानती मैं होगा यह परिणाम
तुम होगे सफल अपने इस अभियान में ।
यही है सूक्ष्मता धर्म अधर्म की
धर्मी –अधर्मी नहीं अछूते
घूमते अविरत जीवन चक्र से
कभी सुख, कभी दु:ख लगे रहते
धूप छांव –से
धर्मी गुजर जाते हर कठिन घड़ी
बड़े ही सहज सरल भाव से ।
शिकन की हल्की–सी झलक
नजर नहीं आती उनके किसी भी भाव में ।
जाने कहाँ – कहाँ से पाते संबल
विपत्ति में भी ढूंढ लेते अपनी समृद्धि ।
पर अधर्मी तनिक प्रतिकूल परिस्थिति देख
हो जाते अधीर विवेकहीन
छल प्रपंच में जुट अपने ही करते अहित ।
मन ही मन होते प्रसन्न अत्यंत
थोपते दोष दूसरों पर ।
अधर्मी सर्वदा दु:खी – सुख हो या दु:ख
डूब अपने स्वार्थ में – कुछ भी नहीं सफल कर पाते
सिर्फ रचाते प्रपंच, कुचक्र,
चलते रहते सर्पीली चाल
स्वयं समर्थ समझते खुद को
वंचित रहते सर्वदा उस चिरंतन सुख से

जो रिस रहा कण-कण ।
हे धर्मप्रिय विभीषण -
तुम्हारा निर्मल मन, धर्मरत हर कर्म
कैसे कोई कर सकता विचलित ?
तुम तो कर सकते सब कुछ सहज संभव
जितने धन्य तुम, पाकर साथ अपनों का -
उससे ज्यादा धन्य अपने, पाकर साथ तुम्हारा ।
जो भी कहा भ्राता कुबेर ने
नवीन नहीं, ना ही अद्‌भुत
वह गुजर कर तुम्हारी विलक्षण चेतना में
बन गया सहज, सरल, सुफल सुमंगल ।
अब ना करो विलंब - विभीषण -
शीघ्र नियुक्त करो - अपने अनुरक्त,
थमा डोर विभिन्न मंत्री पद ।
प्रयास तुम्हारा यह करेगा चिंतामुक्त
अपने अपने दायित्व पा
दिखा सकेंगे प्रतिभा अपनी ।
समय कुछ और दे सकोगे - खुद को
साथ बिता संग अपने, निखरेगा निर्णय तुम्हारा ।

विभीषण - अवश्य राजमाता
बनानी मुझे सशक्त मंत्रिपरिषद
तय करेगी विधि बना सुफल परियोजना
पग पग धर चढ़ेगा सीढ़ी
नवयुग का खिलता सूरज ।
अब देखेगी हमारी लंकानगरी ।
नाना माल्यवान बनेंगे प्रधानमंत्री
वही संचालन करेंगे मंत्रीपरिषद
प्रतीक्षा मुझे अब तक, उनके आगमन की
वानप्रस्थ का ले रहे निर्णय
पर ठुकराया नहीं अनुरोध मेरा
कुछ समय का एकांतवास -भा गया मन को उनके ।
इसी त्रिकूटगिरि के गहन वन में

बिता कुछ समय लौट आने का
वचन दिया मुझे –
कुछ खबर आई क्या – हे प्रिय सरमा ?

सरमा – जब आप गए अलकापुरी
चारों सखा अनुयायी आपके
उत्कट, विष्टक, संटक व रष्टक
अनुरोध कर गए नानाश्री के समक्ष ।
सारा प्रयोजन, आपका सुनाया उन्हें ।
प्रसन्नचित्त हो हृदय से लगाया
एकांतवास बिता अब पधारेंगे
कह विदा किया सबको ।
प्रतीक्षारत हम सब, आगमन की उनके ।

विभीषण – विलंब उनका अब हो रहा असह्य
पिताश्री भी आएंगे, ले ब्रह्मलोक का जल
पवित्र कर यह लंकानगरी करना पुनीत यज्ञ प्रारंभ ।
नाना माल्यवान के कोई नहीं समकक्ष
जो कर सके पूर्ण यज्ञकार्य सफल ।
मैंने देखी विशिष्टता चेहरे पर उनकी ।
जो स्वप्न बुने उन्होंने राक्षस जाति के लिए
साथ मिल भाई माली सुमाली के
यह नहीं होना था परिणाम ।
चरमोत्कर्ष पर पहुँच रही थी
दसों दिशाओं में मची थी धूम
निर्भय विचर रहे, क्या धरती,
क्या आकाश, क्या पाताल
सभी कांपते शत्रुता मोल लेने से
देव, नाग, गंधर्व, मुनि, यक्ष, किन्नर
सब जाति प्रजाति पर,
छा गया था अधिकार हमारा ।
ज्ञानियों में महाज्ञानी, पंडितों में महापंडित
वीरों में महावीर – दशानन के हाथ
थमी हमारे भविष्य की डोर ।

स्वप्न – नाना माल्यवान का सत्य होने जा रहा था
पर विधि ने रचा कुछ और ।
हर समय, हर युग की यही रीत
नीति ही तय करती नियति ।
नीति हमारी होने लगी कमजोर
शौर्य अहं में अंधे हो
चापलूसी की ओट में करने लगे स्वार्थ सिद्धि
राजा के मंत्रीगण – भयाकुल और दंभी
चुपचाप सिर हिलाते रहे – कट जाने के डर से
जो दशानन ने सोचा –
कहा – किया
ना विरोध कर सके, ना सुपथ दिखा सके ।
नाना माल्यवान के वचन – लगे कटु
किसी ने साथ ना दिया –
मर्माहत हो गये, नाना सभा में
सत्य को जान, सब साथ हो गये असत्य के ।
भयाकुल मंत्रिपरिषद होती बड़ी विनाशक
वीरों से भरी सभा – पर भीत त्रस्त
बड़ी ही असमंजस स्थिति
चुपचाप छोड़ दी सभा – नानाश्री ने
उस समय से जो – मन ने उनके धरा मौन
अब तक व्याकुल पर शांत ।

मंदोदरी – अनभिज्ञ ना थे परिणाम से
सदियों का संचित शौर्यबल
पल में हो गया धूसरित ।
जो कार्य किया राक्षस जाति ने
किया वही सब देवता, यक्ष, किन्नरों ने
अछूते नहीं कोई घृणित कार्य-कलापों से
सिर्फ राक्षसों ने दिखानी चाही
पराकाष्ठा अपने अहं की, बल की
इसी में ओत प्रोत हो – सताया निर्बलों को
यज्ञकार्य में किया विनाश, मुनियों को लूटा ।

धर्मरक्षा का नहीं था किसी में प्रयोजन
जो भी किया, अधर्म को बढ़ाने
इसीलिए भोग रहे, फल कर्मों का ।
महावीर होकर भी भीतत्रस्त -
सोने की लंका पर सब सोये अज्ञान रात में
महाज्ञानी, महापंडित होकर भी - निंदित, ताड़ित ।
देवता, नाग, किन्नरों ने जो किया
धर्म की रक्षा, सत्य विजय हेतु
यही नीयत का फर्क अब तक बेकरार
उन्हें ले गया देवत्व की ओर
हम पहुँच गए रासक्षत्व की छोर ।
कुछ करो विभीषण - प्रकृति हमारी बदले
हम भी कहलायें बड़भागी
सराही जाये जाति हमारी
मेलजोल बढ़ा हमसे, लोग हमारा मान बढ़ायें
बनाओ ऐसी नीति, बदल सके जो मति ।

विभीषण - अधीर ना हों माता मंदोदरी
पल में नहीं पलटती प्रकृति
गर्व करें - जो भी हो अपनी जाति
देख दूसरों का गौरव - खुद को ना बदलें
जो अच्छा लगे उसे आत्मसात करें
बदलाव से नहीं होती जाति महान
आत्मसात से बदलेगी नीयत
यही पहुँचाएगी दिखाएगी नए अयाम ।
हम कल भी सभ्य थे
आज भी सभ्य हैं और
कल भी सभ्य रहेंगे ।
अंतर होगा तो सिर्फ आचरण का
जो कल किया उसे दोहराना
कभी ना होगा समय सापेक्ष ।
आचरणों में कांति का अभाव
सभ्यता के निखार में होता बाधक ।

कालांतर के अनुसार, लाना होगा परिवर्तन
हमारी सोच में, हमारे व्यवहार में
जो भी घट रहा हमारे चहुँओर
नहीं रह सकते हम उससे अनभिज्ञ ।
आत्मसात करना होगा और करेंगे
घट रहे समाज में विकाशोन्मुखी विचार ।
जिस तरह बहता पानी अपनी धार से
किनारे लगे बेढेंगे पत्थरों को घिस देता
उसी तरह नीतियाँ हमारी समय की धार पर
समाज में पनपी बुराइयों को धो
परिष्कृत करेगी जनमानस के हृदय ।
हे राजमाता – धीरज धरें
आपका स्वप्न यह – मेरा प्रण
लौटाऊँगा राक्षस जाति का गौरव
फिर से लहराएगी शांति चहुँ ओर
पांडित्य कला, साहित्य, संस्कृति के
चरमोत्कर्ष पर पहुँचाऊँगा – हमारा समाज ।
बहुमुखी विकाश होगा हमारा
यथार्थ और स्वप्न की तय करनी होगी दूरी ।
चुनौती भरा यह कार्य
पर सबके मेलजोल से – असंभव नहीं ।
अभी भी जीवित है हमारे बीच
जिनके हृदय हैं पवित्र,विचार उच्चकोटि
समाज को देने नयी दिशा का सामर्थ्य
उचित योगदान उनका प्रतिभानुसार
भले अभी हों अंतर्निहित
पर समय सापेक्ष परिस्थितियाँ बना
लाना होगा उन्हें मूल प्रक्रिया में
जगानी होगी समाज कल्याण की लौ
फिर देखेंगे हम ज्योति हमारी कुशलता की ।
अब आज्ञा दें – हे राजमाता,
विश्राम की घड़ी आई ।

फिर नया सूरज, नयी उमंग के साथ
जुट जाना पुनर्निर्माण में ।
बहुत लंबा है सफर – पर थके नहीं पथिक
हर पड़ाव को मंजिल बना
पूरा करेंगे हम यह सफर ।

❑❑

अंक-4

नानाश्री माल्यवान के कक्ष में महाराज विभीषण का प्रवेश । महाराज विभीषण नानाश्री के चरण स्पर्श कर यथा स्थान ग्रहण करते हैं ।

नानाश्री - हे वत्स !
अवश्य ही कोई समस्या निकट
सता रही होगी मन को आपके ।
या फिर चिंता कोई जटिल
कर रही होगी मन को व्यथित ।
निसंकोच कहो – तुम
साथ मिल करेंगे निवारण ।

विभीषण - सही कहा आपने नानाश्री
खटक रहे थे मन को मेरे – सवाल अनेक
समाधान कोई नहीं सूझ रहा
ना ही विकल्प कोई दिखता ।
जितना भी विचार करता बारबार
और गहराता जाता भेद
दिखलाएँ सुगम पथ ।
हर काल में हर युग में
सर्वोत्तम माना सभी ने – राजनीति
सभी वर्गों, संप्रदायों धर्मों को
एक धागे में पिरो संवारती राजकाज
फिर भी कोसते सभी इसे
संवारने को नहीं कोई सार्थक प्रजा से ?
ज्ञानी, गुणी, कुशल मम जन,

क्यों रहते सो योजन इससे परे ।
घिरे रहता राजा आठों पहर
झूठे, चापलूसी, दुर्जनों से ।
कैसे राजा बनाए नीति कोई ?
कैसे निखारें राष्ट्र की तस्वीर ?
आप ही सुलझाएँ गुत्थी
करें निवारण यह अंधकार ।

नानाश्री – अवश्य वत्स ! धीरज धरो
तुम जानते उत्तर, अपने प्रश्नों का
पर निर्णय लेने से पहले
सुझाव एक और चाहते मुझसे ।
एक और पहलू देखना चाहते
पर कोई अन्य नहीं विकल्प इसका
बहुमुखी है सवाल तुम्हारा
अनेकों प्रश्नों से गुथा एक गुलदस्ता ।
राजनीति नि:संकोच है सर्वोत्तम नीति
पर उसका भी है एक कारण
यही एक नीति पर टिका भविष्य राष्ट्र का
संवारती चरित्र समाज का
एकता बद्ध करती लक्षण नागरिकों का ।
यह राजप्रासाद ही देख लो
सब कुछ खड़ा अडिग
एक मजबूत नीव पर ।
राजनीति की नीव टिकी न्याय नीति पर
धर्म जाति, वर्ण, संप्रदाय से परे
समाज कल्याणकारी हो न्याय नीति
नर-नारी, वृद्ध-युवा, स्वदेशी विदेशी
सभी नागरिकों को देखती समदृष्टि
इसकी नहीं होती आँखें कोई
सही -गलत को सटीक परखती
चुंधियाती नहीं आँखें, लख प्रभावशाली व्यक्तित्व
निरपेक्ष करती अपना फैसला ।

शासक होना कोई जन्मजात योग्यता नहीं
ना ही शाषित होना – नागरिक की नियति,
पदाधिकारियों का चयन
वंशानुगत से परे
योग्यता, कार्यकुशलता का बने आधार –
बुद्धिमान , धैर्यवान, कर्त्तव्यपरायण रख नजर
न्यायाधारित समाज में ना बने वंशानुगत आधार ।
राजा रखे स्वयं को निजी आकांक्षा प्रलोभनों से परे
करे नागरिकों की इच्छा का प्रतिनिधित्व
अपनी प्रतिभा शक्ति, साहस का करे सदुपयोग
अभिभावक सम झलकाए सर्वोत्तम द्वारा सुशासन
न्याय की बातें कहते करते ना ले अन्याय का पक्ष
भित्तिभूमि न्याय की समानता पर रहे अडिग
धर्महीन, वर्गहीन, कर्महीन समाज की चेष्टा ना कर
धर्म निरपेक्ष, वर्गनिरपेक्ष, वर्णनिरपेक्ष–
नीतियों का हो प्रोत्साहन
बौद्धिक, आर्थिक सैनिक रूप से
सशक्त सामज की राजा करे प्रचेष्टा
टिकाए रखना सत्ता के शीर्ष पर
तानाशाह राज का होता द्योतक ।
विकेंद्रीकरण सत्ता का नीतियों में निहित
अक्षुण्ण रहती विचार शक्ति बुद्धिजीवियों की
आर्थिक, राजनीतिक एवं अधिकारों का
विकेंद्रीकरण सदैव नूतन नीतियाँ करें ।
राजसत्ता, धर्मसत्ता संग गुंथी रहे न्याय व्यवस्था
राजकार्य का महत उद्देश्य
राजनीतिक व धार्मिक स्वतंत्रता
हर नागरिक का परम ध्येय ।
स्वतंत्रता केवल स्वान्त:सुखाय न मान
समाज कल्याण व राष्ट्र निर्माण को रहे प्रचेष्टित ।
एक के अधिकार रक्षा पर,
दूसरे का अधिकार ना हो हनन

अपने अधिकार के लिए, दायित्व अपना ना कोई भूले
अधिकारों व कर्त्तव्यबोध का ज्ञान नागरिक रखें
कोई किसीका दास नहीं, ना ही कोई किसी का स्वामी
सत्ता विकेंद्रीकरण का सदैव ऐसा प्रयास रहे ।
निरपेक्ष पारदर्शी एवं जवाबदेही प्रबंध व्यवस्था
अधिकारों एवं कर्त्तव्यबोध का ज्ञान
नीतियाँ समयानुसार कराती रहें ।
राजनीतिक एकाधिकार मुक्त समाज
पद प्रतिष्ठा राजनीतिक गरिमा धनवैभव रिक्त
मर्यादापूर्ण, निरपेक्ष कर्त्तव्यमुखी
पदाधिकारियों का रहे कार्यकलाप
राजहित, समाज सुख, व्यक्तिगत सुख से पहले
पद के उन्माद में ना हो कर्त्तव्यविमुख
कर्त्तव्यबोध व कर्त्तव्यपालन पर रहें सदा तत्पर ।
नागरिकों के कर्म अहं से ना हों प्रेरित
स्वार्थ भावना, आलस्य, लालच, विलासप्रियता
संसाधनों के उपभोग का ना बने कोई माध्यम
मानवीय चेतना एवं शांतिपूर्वक समृद्धि
सर्वोपरि रख करें संपत्ति का उपभोग ।
समाज में शिक्षा का सदैव रहा
एक अनुपम स्थान ।
बहुआयामी शिक्षा पद्धति
करती अद्वितीय राष्ट्र निर्माण ।
धर्म शिक्षा का केवल तथ्य संग्रह नहीं
शक्ति संचार करती हृदय में
इस समाज, राष्ट्र, विश्व कल्याण में
जागरुक करती हर नागरिक को ।
समाज के प्रति कर्त्तव्य एवं उत्तर दायित्व का
करती प्रयोजन
शरीर, मन, बुद्धि, चरित्र, हृदय और आत्मा
सबको पावन करती नैतिक शिक्षा,
बर्बरता का कर विनाश

मानवता का होता विकास
व्यक्तिगत और सामाजिक जीवन का
होता हर पल उत्थान ।
आदर्श जीवन का वसुधैव कुटुम्बकम बनाती
भौतिक सुखों को आधार बना
आध्यात्मिक मूल्यों की तिलांजलि से बचाती ।
शिक्षा केवल सैद्धान्तिक ना होकर
व्यवहार वास्तविकता का भी करे समागम ।
जीवन दर्शन धर्ममय और
समाज दर्शन न्याय कर करती ।
सांस्कृतिक धरोहर देश की
जीवन पद्धति में उकेर देती
प्रेम, सदाचार, त्याग उदारता का
अनमोल स्थान जीवन में दिखलाती ।
नई व्याख्या नैतिक अंत:प्रेरणाओं को
शिक्षा देती नए आयाम ।
अराजकता, अशांति, अव्यवस्था,
सामाजिक उच्छृंखलता
उचित शिक्षा करती इनका अवसान ।
जनोन्मुख होता शासन, नागरिक होते
न्यायप्रिय, शांतिप्रिय और विवेकवान ।
सुशासन वही, जो शाषन न्यूनतम करे -
आपसी सहयोग स्वेच्छा से भरा आत्म विश्वास
नकारात्मक प्रवृत्तियों का हो दमन ।
नैतिकताओं का स्थायित्व - धर्म का मूलमंत्र
नीतियों का स्थायित्व - राजधर्म का मूलमंत्र ।
सद्रक्षराय और खल निग्रहणाय नीतियाँ
समाज को रखती एक सूत्र में पिरोए ।
मानवीय अधिकारों का ना हो हनन
राजनीति, नैतिकता से हो प्रेरित
सत्ता आधारित नीतियों को
रखना व्यवस्था से परे ।

धार्मिक, आर्थिक, सामाजिक शोषण रहित
निर्मित हों सभी नीतियाँ
कर व्यवस्था का समाज निर्माण में
रहता एक अभिन्न स्थान
कर नियम करबद्ध ना हो
ना ही हो आक्रामक
समाज की आर्थिक समानता
कायम रखे कर नियम ।
समयानुसार समय सापेक्षिक नीति संशोधन
करती समाज का भयनिराकरण
सजग रखती पदाधिकारियों को
करने समाज की संपत्ति व स्वार्थ सुरक्षा ।
हे वत्स !
यह राष्ट्र हर समाज को
समझे अपना अटूट अंग
लोकहित व लोक इच्छा में बना अनूठा तालमेल
जनशक्ति को राजशक्ति समझ
अग्रसर हो विकाश पत पर ।
राजनीति नहीं राजा की नीति
यह होती राज्य की नीति
इसी का कर अनुसरण
राज्य चढ़ता अपने चरमोत्कर्ष पर ।
इसीलिए सभी नीतियों में यह सर्वोत्तम ।
सभी नीतियों का समागम एवं
सभी नीतियों का उद्‌गम स्थल
राजनीति की पावन गंगा से ।

विभीषण – हे नानाश्री !
आपने बड़े ही विशिष्ट भाव से
विस्तारपूर्वक दिया निर्देशन ।
आपके भाव राष्ट्र निर्माण के
नहीं अभिन्न मेरे विचारों से
राजा को मैं देखता एक सारथी स्वरूप

राज्य के रथ को विकास पथ पर
सुचारु रूप से अभिप्रेरित करता ।
राजा एक कुशल शिल्पी की तरह
सुन्दर छवि राष्ट्र की उभारता
कभी छैनी के हल्के आघात तो
कभी हथौड़े का गहरा घात कर
जीवंत बनाता राष्ट्र का स्वरूप ।
समाज कल्याण, राष्ट्र निर्माण का परमध्येय
हर पल उभारता उसके हर निर्माण में ।
मैं जानता हर नागरिक अपने आप में अपूर्ण
इसी भित्ति पर गठन समाज का होता ।
हर नागरिक अपनी निर्णय शक्ति का कुछ अंश
अपने राज्य को समर्पित करता ।
सामाजिक प्राणी अपनी स्वार्थ पुर्ति के लिए
स्वार्थों का लेप लगा अभिलाषा अपनी
पूरी करने में तत्पर रहता ।
मैं भी चाहता नेतृत्व मिसाल पर आधारभूत हो
हम सब का एक सुस्वप्न ।
राजा को सधना होगा एवं साधक की तरह
बनना होगा उसे धैर्यवान, करुणाशील और शांतिप्रिय
राज परिषद को करना होगा त्याग एक त्यागी सम
निस्वार्थ, धर्मप्रिय, सत्यनिष्ठ, कर्त्तव्य परायण बन
बनानी होगी जनहितकारी समन्वयकारी नीतियाँ
धीरे-धीरे प्रभावकारी बदलावों का
समावेश करना इस समाज में
लोकधारणा, लोकमंत्रणा एवं लोकचर्चा से प्रेरित
बदलाव का कर समागम वर्त्तमान नीतियों में
सभी नागरिकों का मूलभूत अधिकार बना
कुशल, सक्षम, विवेकी -
नागरिकों को करना होगा गठन ।
मनुष्य का ज्ञान,
अस्तित्ववान वस्तुओं तक सीमित ना रख

पारभौतिक अलौकिक शक्तियों का भी होगा अन्वेषण।
परिवर्तनशाली समाज में कुछ भी नहीं स्थिरवान
इसी मूलमंत्र पर होगा शिक्षा का प्रसार ।
कृषि उत्पादन, शिल्प व्यवस्था, समाज कल्याण
विकासोन्मुखी कार्यकलापों पर खुला रहेगा खजाना
अल्प से अल्प खर्चा होगा
सैन्यबल, कानून व्यवस्था एवं न्याय व्यवस्था पर ।
युद्ध सिर्फ राज्य विस्तार पर संसाधनों का आधिपत्य नहीं
न्याय स्थापना, भय निवारण एवं शांति स्थापना -
का द्योतक भी
धन बल, सैन्यबल एवं बुद्धिबल
समर्पित होंगे नवराष्ट्र निर्माण को ।
विकास के लिए संबंधों की विस्तृतता
आवश्यक राष्ट्र हित के लिए ।
राज्य की सुरक्षा -नागरिकों की सुरक्षा
समाज का विकाश - राष्ट्र का विकाश ।
इसी मूलमंत्र पर राजपरिषद अपना करे कार्य संचालन
राज्य का कार्य सुचारु रूप से राजनीति में सहयोग
भोग विलासिता, हठधर्मी से परे ले निर्णय ।
आदर्श साम्राज्य में कानून का, नगण्य हो हस्तक्षेप
आत्मानुशासन पर केन्द्रित हो विचार
भयमुक्त, अपराध मुक्त, न्यायाधारित समाज की स्थापना
देती नागरिकों में कर्त्तव्यबोध अनुशासन की भावना ।
अपराधियों के लिए सुधार की व्यवस्था संग
होगा संगठित अपराधियों को कठोर दंड का विधान
सुधरने का अवसर -सभी वर्गों को रहेगा
साथ ही होगा उपद्रवी गिरोहों का विच्छेद ।
सत्यनिष्ठ, कर्मशील व्यक्तित्व का होगा प्रोत्साहन
राजतंत्र देगा पूरी सुरक्षा ऐसे नागरिकों को ।
बल--कौशल से राज्य नहीं होता चिरयुगी
समननीति का होगा समन ।
अनभिज्ञ नहीं मैं इस सत्य से

आदर्श समाज की परिकल्पना हर युग में
यद्यपि एक सुनहरा स्वप्न फिर भी
इसी परिकल्पना के समानान्तर
चयन हो शासन नीति नियम ।
समय -समय पर मौजूदा स्थिति का अन्वेषण
यथार्थ के धरातल का देगा आभास ।
स्वप्न और वास्तविकता व अतिशीघ्र निराकरण ।
कमी नहीं समाज में संदेह आशंका अविश्वास की कमी
इन्हीं सब का निराकरण ध्येय -नीति नियमों का गठन
राजा एवं मंत्रिपरिषद उचित करें अनुसरण
और नागरिकों में जागृत करें विश्वास, भरोसा, अनुशासन
भरोसा दें नागरिकों से राजपरिषद नहीं परे
सम्मान होगा नागरिकों के अधिकारों और कर्त्तव्यों का
सुरक्षा होगी उनकी संपत्ति प्राण, धर्म और परिवार की ।
राष्ट्र का संविधान होगा सर्वोपरि
इसके समक्ष सभी समकक्ष ।
राज्य की प्रभुता, अखंडता -सदैव अक्षुण्ण
हर नागरिक का इसमें एक अभिन्न योगदान ।
जागृत होगा आत्मानुशासन व कर्त्तव्यबोध ।
स्वतंत्रता रहेगी तर्क वितर्क की
सुविधा होगी विचार मंथन प्रक्रिया की
संघटित हो करेंगे निर्णय
उपेक्षित अपने आपको नहीं कोई समझे
समाजहित कार्य में सभी देंगे योगदान ।
कला, संगीत, दर्शन का उचित होगा सम्मान
रचनात्मकता, सर्जनशीलता को दिया जाए बढ़ावा
समाज में मानसिक स्तर शुद्ध और परिमार्जित
होता अंतिम निर्णय ।
कलुषित विचारों का अवसान होगा निजात आवश्यक
योग्यतानुसार श्रम विभाजन की प्रणाली
एक दूसरे के तालमेल से कराती कार्यसंभावित ।
प्रशासनतंत्र में सभी प्रतिस्पर्धी ना बन

एक दूसरे के बनें अनुपूरक ।
सामंजस्य एवं सहिष्णुता की नीतियाँ
स्वार्थी प्रपंचक धोखेबाज मनुष्यों को
परे रखती आधिकारिक स्तर से ।
जनाक्रोष जनोरंजना फैलाती बल शक्तियों का
यही नीतियाँ करती दमन ।
असंतोष एवं जनाक्रोष का सामना
धैर्यपूर्ण विवेकपूर्ण नीतियों से हो ।
अवसरवादिता – अराजकता की जननी
निरंकुशता – तानाशाहों की ।
तानाशाह फैल मिथ्याभ्रम, उदारता
राष्ट्रीयता एवं ताकत का जनमानस में
नकारात्मक प्रवृत्तियों को देते बढ़ावा
और समाज का करते दमन ।
सुदृढ़ राजनैतिक केंद्र मिटाती
अराजकता और निरंकुशता ।
आदर्शवादी नीतियाँ मथती – समाज के बुद्धिजीवी
सम्राट को संविधान का अनुसरण कराती
जनमानस में उसके प्रति विश्वास जगाती ।
राज्य का ध्येय राज्य की समर्थता का विकाश
इसके लिए अनदेखा नहीं होगा
वृद्ध एवं विकलांगों का योगदान ।
समाज उत्थान में वृद्धों का सहयोग अत्यावश्यक
उनकी बुद्धि, ज्ञान एवं अनुभव कौशल का
भरपूर होगा उपयोग ।
वयोवृद्ध जनमानस अपने अनुभवानुसार
दूरदृष्टा नीतियों के गठन में देंगे
देंगे पूरा अपना सहयोग ।
राज्य लेगा विकलांगों की संपूर्ण जिम्मेदारी
क्षमतानुसार देगा उन्हें जिजीविषा
अक्षमता का ना होगा उन्हें आभास किंचित
गर्व से उठाएँगे समाज कल्याण का भार ।

हे नानाश्री !
आपके मन्तव्य, आपके विचार
शिरोधार्य कर, चलाऊँगा राजकाज
पूरी नहीं होने दूँगा, षडयंत्रकारियों की चाल
मानवताप्रेमी मैं, और पूरा करुँगा सम्मान
जो होंगे निष्कपट, निष्पक्ष एवं निर्भीक ।
राजपरिषद में फलेंगे फूलेंगे ऐसे व्यक्तित्व
जो होंगे व्यावहारिक स्पष्टवक्ता और धैर्यवान ।
उचित शिक्षा देकर किशोरों को
करुंगा सामाजिक चेतना का विकास
परोपकारी जनहितकारी, समाज कल्याणकारी भाव
हर पल उनकी रगों में, खून सा बन दौड़ने लगे ।
स्वप्न जो मैं देख रहा इस लंका का
नहीं आपकी अभिलाषा से परे ।
आशीर्वाद दें, हे नानाश्री
संभाल महामंत्री का पदभार
लंका को स्वर्णिम युग की ओर
अग्रगण्य होने में राह दिखलाएँ ।
आपका ज्ञान, आपका कौशल, आपकी चिंताधारा
दिखलाएगी हम सबको सुपथ
इस जाति का पुनरुद्धार कर
पूर्वजों और आने वाले वंशधरों का
आप रखें मान ।

नानाश्री - हे वत्स विभीषण !
तुम्हारा चिंतन, तुम्हारा स्वप्न
अद्वितीय अतुलनीय ।
प्रभु राम की असीम तुम पर अनुकंपा
इसीलिए तुममें ऐसे सद्विचार
ले रहे अनगिनत हिलोरें ।
लंका का ऐतिह्य, लंका का भविष्य
तुम्हारे नेतृत्व में चढ़ेगा नए शिखर
पूरा मुझ को विश्वास

तुम रखोगे सबका मान
धन्य मैं, जो मान रखा मेरा तुमने
गर्वित मैं – जो ऐसा सपूत पाया मैंने ।
जो बीत गया, एक था दु:स्वप्न
जो रीतेगा – एक सुस्वप्न
पूर्ण होगी सबकी अभिलाषा
समाज कल्याण के अनुकूल विचारधारा तुम्हारी
करेगी समाजवासियों को नीतिपूर्ण संपन्न संवृद्ध ।
तुम्हारे नेतृत्व में लंका का
होगा राजनीतिक, सामाजिक और आर्थिक स्वर्णिम काल
बाल– किशोर, युवा–वृद्ध
कोई भी हो जाति कोई भी हो धर्म
सभी करेंगे अपना योगदान
सभी बनेंगे समाज कल्याणकारी
सभी होंगे परोपकारी ।
प्रभु की कृपा बिना, नहीं होती सद्‌बुद्धि
सद्‌बुद्धिहीन शासक – राज्य का स्वयं विनाशक ।
हम सब पर प्रभु की असीम अनुकंपा
उन्हीं का स्मरण कर प्रारंभ करें अपना प्रयास ।
सफलता चूमेगी हमारे कदम
कितना भी कठिन हो अपना पर प्रयोजन।
मन, वचन और कर्म से हमारी व्यवस्था
मिसाल बनेगी संपूर्ण विश्व का ।
अपनी रुचि स्वभाव एवं सामर्थ्य के अनुसार
देना होगा हमें राष्ट्र निर्माण में योगदान
हमें अपना ही बनना होगा मार्गदर्शक
कोई भी व्यक्ति इस महायोजन में नहीं तुच्छ
हर एक का हर संभव प्रयास, पिरोना एक सूत्र में
नीतियाँ संवारेंगी समाज की प्रवृत्तियाँ ।
व्यक्तिगत स्वतंत्रता के साथ सामूहिक कार्यकलाप
सभी संस्थाएँ, संगठन, जनसमूहों का पारस्परिक सहयोग
कला, संस्कृति, नैतिकता आदर्श की चरमसीमा पर

पहुँचाएँगे हमारी लंका को
धर्म राज्य, संपत्ति-समाज की बेड़ियाँ ना बन
उसे दिलाएगी नई आभा ।
हर छोटी इकाई इस राज्य की
मजबूत बना, अभय राष्ट्र की परिकल्पना
साकार करेंगे हम सब मिल ।
प्रजातंत्र, राजतंत्र, समाजतंत्र, धर्मतंत्र
सब अपने आप में अपूर्ण ।
पर इन सबके मेलजोल से
निखारेंगे अपना स्वराजतंत्र ।
आओ मिलजुल - आशीर्वाद लें पूर्वजों से
प्रार्थना करें परम ब्रह्म से
अनुग्रह करें जगत के स्वामी प्रभुराम से
हर आपदा हमारी राह में
एक चुनौती बन कर आए
और हर चुनौती का सामना
हम अपने धैर्य-बुद्धि एवं साहस से करें ।
हमें आशीर्वाद दें, जगत के नाथ श्रीजगन्नाथ
हमारे मनोरथ पूरे हों ।
राक्षस जाति का कल्याण हो
वसुधैव कुटुम्बकम का स्वप्न साकार हो
जगहिताय जग सुखाय कार्य हों
लंका का स्वर्णिम ऐतिह्य लौटे ।
इस तीसरे प्रहर की पावन बेला में
सूर्योदय में देर नहीं
लंका का भविष्य इस नवोदय के साथ
अपने सुनहरे स्वप्न को साकार करेंगे
अपना पहला पग बढ़ाए ।
हे करुणामय ! हे जगन्नाथ !
इस पुण्य कार्य में हमारे अग्रज बन
हमें सुपथगामी बनाएँ ।
हे जगदीश्वर आपके चरण कमलों में

कोटि-कोटि हमारा प्रणाम स्वीकारें ।
सूर्य के समान जगमाते हुए
हमारे विकारों को हमारे संकोचों को
हमारी कमजोरियों को, हमारे क्लेषों को
पल में हरण करें ।

(विभीषण एवं माल्यवान प्रभु के सामने नतमस्तक हो आशीर्वाद लेते हैं)

❑❑

अंक-5

(विभीषण अपने कक्ष में बैठे हैं । पत्नी सरमा आती हैं)

सरमा - हे नाथ !
रात भर देखा विचलित आपको
कोई चिंता, कोई समस्या
घेरे रही मन को आपके ?
मन मेरा विचलित
देख आपका चिंतित हृदय
शायद सहायक बन सकूं
सोच-विचार की जटिल घड़ी में ।

विभीषण - नहीं, प्रिये !
कोई चिंता नहीं, ना ही कोई समस्या
बस - विचार कर रहा था
कैसे शुरू करूँ प्रक्रिया ?
किस पथ बढ़ेऊँ पग अपना ?
अनेक राहें गुजर रही - इस मोड़ से
अति विचित्र यह घड़ी ।
इसलिए कुछ समय बिताया
नानाश्री के कक्ष में ।
उनके विचार, उनका परामर्श
मन को कर रहा शांत ।

सरमा - बड़ों के विचार, उनका मंतव्य
सदैव होते हितकारी ।
जिस मोड़ पर आप खड़े
कर रहे हैं विचार

हो रहे हैं अधीर ।
मेरी नजर से आप परखें
पाएँगे कि सारे पथ
मिलते हैं एक ही डगर
और वह है विकाश पथ ।
चहुँ ओर से बहते नाले
जा मिलते नदियों में
सारी नदियाँ दुर्गम पहाड़
घने जंगल, मैदान, खेत खलिहान सींचती
जा मिलती हैं सागर से ।
चुन लें कोई भी पथ आप,
धीर धर निरंतर प्रयास में
अपने आपको पाएँगे – विकास पथ पर ।
ध्येय आपका होगा पूर्ण
मुझे अटूट विश्वास
आपकी बुद्धि, श्रम एवं विश्वास
सार्थक करेंगे, ध्येय की ओर –
सबसे कठिन होता बढ़ाना ।
पर उसके उपरांत –
स्वत: पूरे होते जाते सारे स्वप्न ।
धीरज ना खोएँ – हे प्राणनाथ
आशीर्वाद हमारे पास पूर्वजों का
असीम अनुकंपा प्रभु श्रीराम की
फिर कैसे पूरे ना होंगे मनोरथ सारे
सफल कैसे ना होंगे प्रयास हमारे ?

विभीषण – सही कहा तुमने,
पहला पग उठाना होता – अति कठिन ।
पर अब कर विचार विमर्श नानाश्री से
किरण प्रकाश की दिख रही ।
उनके विचार दर्शा रहे
भविष्य की नीतियाँ, उनकी कल्पना
उनका लक्ष्य, उनकी योजना

तालमेल में मेरी परियोजना से ।
मंत्रिपरिषद का अब करना गठन
नीतियों को नियमावली में ढालना
समाज को पिरो एक सूत्र में
नवनिर्माण के पथ पर ले जाना ।

सरमा - अवश्य करें आप मंत्रिपरिषद की
स्थापना करनी होगी आपको ।
समाज के विशिष्ट व्यक्तित्व
अपने अपने क्षेत्र में पारंगत
होंगे उसके सदस्य ।
राजनीति के जो अनिच्छुक
पर समाज कल्याण में सदैव तत्पर
करना होगा उनको एकजूट ।
उनकी कुशलता, उनकी निपुणता
उनकी विशेषज्ञता, उनके ज्ञान की
नहीं कर सकते हम अनदेखी ।
मंत्रिपरिषद देगी अपने विचार
उनके विकल्प, उनकी रूपरेखा
अत्यंत होगी व्यावहारिक ।
सार्थकता नीति नियमों की समाज में
तभी रहती जब तक होती उपयोगी ।
समाज के बुद्धिजीवी
रहते अतिनिकट समाज के
नब्ज इसकी पहचानते
पर राजनीति से रहते परे ।
इनकी आवाज अति मध्यम
पर अत्यंत प्रभावकारी ।
राजकाज में इनको पिरोना
होता नितांत परोपकारी ।
सहायक परिषद में इनको सम्मिलित कर
समाज के श्रद्धेयों का रखते मान ।
हर नागरिक का प्रगाढ़ विश्वास

कार्यप्रणाली और राजकाज में
दिन ब दिन और गहराता ।
समाज की आवाज राजा तक
और राजा के विचार समाज तक
अविलंब पहुँच मिटाते अपवाद
हर समाजवासी के हृदय में
संदेह, अविश्वास और संशय का
समाज के ही अगुए करेंगे हरण ।

विभीषण – अति उत्तम प्रस्ताव दिया – हे सुमुखी
समाज के हित के लिए
कैसे कर सकता – उसकी ही आकांक्षाओं की अनदेखी
सहायक परिषदों का मंतव्य
अवश्य करेगा निर्धारित नीति ।
एक तरफा संपर्क राजा का अपनी प्रजा से
कभी नहीं होता प्रभावशाली ।
ऐसी प्रणाली सदैव संदेहजनक
संशयकारी बनाती समाज को
उद्वेगित करती नागरिकों को
दुविधा में डालती हर जन को ।
उच्छृंखलताओं की जनक होती
उत्पाती ताकतों का पोषण करती
अफवाहें फैलाती अपवाद घटाती ।
छुट जाते नागरिक, असफल होती नीतियाँ
सारा ढांचा समाज का खोखला होता
और शुरू होता क्रांति का ताडंव ।
समाज के ज्ञानी, गुणी , विवेकी
कभी नहीं होते सत्ता लोलुप ।
पर विचार उनके अति कल्याणकारी
दृष्टि उनकी दूरदर्शी
उनके द्वारा संचालित सहायक परिषद
एक साथ करेंगी दो काज
पहला – उन्हें पिरोयेगी शासन से

दूसरा – माध्यम बनेंगे राजा से प्रजा तक ।
ऐसा सेतु बनेंगे जो मजबूत करेगा राजकाज
समाज और सम्राट कहीं मिटाएँगे दूरी
मनोबल सशक्त करेंगे समाज का
पहुँचा प्रयोजन राजा के उनके समक्ष ।
नागरिकों को निकट लाएँगे राजा तक
पहुँचा नीति नियमों का संदेश ।
विश्वास जगाएँगे राज प्रयासों का
फलीभूत कर उन्हीं के स्वप्न ।
समाज के विचार, समाज की उम्मीदें
प्रशासन के समक्ष रख
उचित प्रणाली को उभारेंगे ।
जब भी जूझेगा – शासन नियम परिस्थितियों से
सहायक परिषद सुझाएगी सन्मार्ग ।
राजनीति के हथकंडों से रह परे –
अनूठा देगी अपना सहयोग ।

(महाराज विभीषण और महारानी सरमा वार्त्तालाप कर रहे हैं ।
उसी दौरान प्रहरी का प्रवेश)

प्रहरी – महाराज आज्ञा हो तो
निवेदन करूँ ।

विभीषण – अवश्य प्रहरी
नि:संकोच कहो
क्या है प्रयोजन ?

प्रहरी – महाराज – आपसे मिलने को राज राजमाता ।

विभीषण – राजमाता को – प्रहरी
सादर भेजो यहाँ ।
कोई होगा नितांत आवश्यक कार्य
जो पधारी इतनी भोर!
(राजमाता विचलित –सी दिख रही हैं ।
विभीषण सादर उन्हें यथा स्थान बैठाते हैं)

विभीषण – हे राजमाता
आप दिख रही विषण्ण !

कहीं कोई देखा तो नहीं दु:स्वप्न
या फिर कुछ घटा तो नहीं अघटन
मन को मेरे विदीर्ण कर रहे
आपके ये भाव
विलंब ना कर
विस्तार से कहें –

मंदोदरी – हे विभीषण
मन की विह्वलता
छलक जाती चेहरे पर
मेरे भाव नहीं अछूते मन से मेरे ।
अभी–अभी जो कुछ सुना कानों ने
बार–बार विदीर्ण कर रहा मन को मेरे ।
सोच–सोच , सुन्न होता मस्तिष्क

(मंदोदरी की आँखों से छलक उठते आँसू । कुछ बोलने का साहस करती पर मुँह में पल्लू दबा लेती । अनवरत धार आँसुओं की बहे जा रही । विभीषण से, सरमा की तरफ इशारा करते । महारानी सरमा सहमी–सी मंदोदरी की तरफ बढ़ती । पीठ पर उनके हाथ रख सहला रही । महाराजा विभीषण पानी का गिलास मंदोदरी को दे रहे और कहते –)

विभीषण – अवश्य ही कोई अशुभ सूचना मिली
जो मन को आपके अधीर कर रही
ऐसे विचलित तो कभी ना देखा
आप तो सदैव स्थितप्रज्ञ
फिर कैसा सुना संदेश आपने ?
कोई घोर षडयंत्र –
या फिर दैव विपत्ति कोई ?
कैसा अघटन घटने वाला – हे देवि
बिलकुल अधैर्य ना हों आप
इतनी दुष्कर घड़ी गुजारी हमने
जाने कितनी विषम घटनाएँ
गुजर गई समय की धार में
पर हम सबका संग
हमारी परस्पर गाढ़ता
हमारी एक जूटता –

फिर इस घड़ी – जब सब कुछ अनुकूल
और आप इतनी अधीर ।
तनिक भी ना हों विक्षिप्त
कोई भी हो असुविधा – नि:संकोच कहें
अवश्य ढूंढेंगे उपाय
शीघ्र करेंगे निराकरण ।

मंदोदरी – नहीं विभीषण
कोई दुविधा, ना ही कोई शत्रुभय
पर अभेद्य बाण शब्दों के
छलनी कर रहे अंतर्मन ।
रोष, घृणा, क्रोध का ऐसा समन्वय
ज्वार उठ रहा इस पूरे तन ।
ना तो कुछ कहा जा रहा
ना ही इसे सुना जा सकता ।
घिन्न-सी आ रही उस समाज से
जहाँ से उठ रही ऐसी सोच
उड़ा रहे जो बवंडर
घोल रहे विवादों का गरल ।
हे विभीषण –
वणिज हमारे जो गये सात समुन्दर पार
लांछित हो लौटे विदेशों से
उड़ रही अफवाहें चहूँ ओर
धूसरित हो रही मर्यादा लंका की – कि
किया तुमने भ्रातृद्रोह ।
सत्तालोलुपी बता रहे तुम्हें
बोल रहे "घर का भेदी" ।
राज लंका हड़पने की तुमने साठगांठ
प्रभु को दिया रावण अंत का राज
सफल मनोरथ सिद्ध कर –
ले लिया सब राजकाज ।
किस किस का करुं मैं मुँह बंद
किस किस को दूं मैं प्राणदंड

कोई चेहरा नहीं दिखता, ना ही कोई शत्रु
कैसे संवारु यह विकट परिस्थिति ।

सरमा - हे नाथ ... स्वामी
क्या हो रहा आपको ?
सारा शरीर -शिथिल होता जा रहा
प्रहरी शीघ्र बुलाओ सुषेण को
महाराजा मूर्च्छित हैं
तनिक भी विलंब ना हो
शीघ्र जाओ ....
महाराज ... संभालिये अपने आपको ।

(महराजा विभीषण जमीन पर अर्धमूच्छित अवस्था में । सुषेण का प्रवेश । महराजा को देखता है, नाड़ी व ह्दयगति की जांच पड़ताल । पश्चात औषधि देते हैं । महराजा को उनके सैनिक शयन कक्ष में ले जाते हैं। सुषेण माता मंदोदरी से उन्हें कुछ विश्राम की सलाह देते हैं । महारानी सूरमा महाराजा विभीषण के पास बैठी हैं । तभी कक्ष में नानाश्री माल्यवान का प्रवेश ।)

माल्यवान - क्या हुआ अचानक ?
अचानक कैसे बिगड़ी तबियत ?
शायद रातभर विचार विमर्श ने
बढ़ा दी होगी मानसिक व्यथा ।
थकान मन की, कर देती शिथिल तन
थोड़ा विश्राम होता सदैव अनिवार्य ।
इतना परिश्रम, उचित नहीं उसे
विश्राम ही परिश्रम का आधार
कैसे भूल जाता यह शरीर ।
विभीषण तो सदैव तत्पर -सदैव कर्मठ
विचारशील, विचार मग्न -
करने समाज कल्याण
निवारण शौर्य लंका का
संवारने भविष्य इस समाज का ।
आप तनिक भीं - ना हों विचलित
कुछ समय का विश्राम
लौट आयेगा निखार ।

पर आप क्यों विचलित
भाव चेहरे के – कुछ और ही देते आभास
अश्रुपूरित नयन, सूखे-सूखे हाव-भाव ।
क्या हुआ – कोई अघटन
या फिर कोई – बीमारी दुष्कर ।
कौन-सी सता रही चिन्ता सबको
जिससे मैं अनभिज्ञ ?
कोई महाविपत्ति का तो नहीं आभास
सपरिवार कहो – हे मंदोदरी ।
जाने कितने उतार-चढ़ाव देखे मैंने
अपने इस जीवनकाल ।
अवश्य कोई तो होगा विकल्प
सूझेगा कोई सन्मार्ग –
पता तो चले – क्या है सुविधा ?

(मंदोदरी नाना माल्यवान को उड़ती अफावों से अवगत कराती हैं । नाना माल्यवान चुपचाप रखे आसन पर बैठ शून्य दृष्टि से इधर-उधर निहारते हैं । मंदोदरी सन्नाटे को तोड़ती हुई कहती हैं ।)

मंदोदरी – हे नानाश्री !
विचलित मन – अज्ञात शत्रु
सिर्फ एक कोलाहल – गूंज चहूँ ओर
विकृत मन :स्थिति जनमानस की
घबरा सा जा रहा मन ।
ना कुछ सोच रहा ना ।
ना ही सामर्थ्य कुछ पाने का ।
इंद्रियाँ सारी शिथिल
बुद्धि जड़वत् , अशांत चित्त ।
किसी विद्रोह का तो नहीं सूचक ?
किसी क्रांति का तो नहीं अभिप्राय ?
अब आप ही सुझाएँ कोई मार्ग,
आप ही दर्शाएँ कोई मार्ग ।

माल्यवान – धीर धरो, हे मंदोदरी
स्थिति बड़ी ही गंभीर

जनमानस की सोच ऐसी
ना केवल घृण्य वरन् शोचनीय ।
अभी-अभी तो उभरे हम सब
विकट परिस्थितियों से गुजर ।
बलिदान दिया सारे समाज ने
तज अपने तन,मन और अपने धन
जाने कहाँ से उभरी ऐसी सोच
जाने क्या अभिप्राय ऐसी
विभेदकारी विनाशी अफवाह का ?
सोच-सोच कर उड़ रही नींद जिसकी
पल पल बिता रहा जो लौटाने
स्वर्णिम ऐतिह्य लंका का
रोम-रोम जिसका डूबा
करने कल्याण हमारे समाज का ।
उस पर ही ऐसा कुत्सित लांछन
उसे ही तजने -सब तत्पर
उसी की बलि देने - सब उत्सुक ।
कहाँ मिलेगा ऐसा नि :स्वार्थी
कब देखा हमने ऐसा निस्कलंकी
कब देखा हमने ऐसा कर्त्तव्यपरायण
कब देखा हमने ऐसा राजनीतिज्ञ
राक्षस जाति का पुरोधा
इस जाति का पुनरुउद्धारक !
क्या हो गया जनमानस को
बिना सोचे बिना कुछ समझे
कर रहे ऐसी कुत्सित बात
सोच रहे ऐसी नीच सोच !
उड़ा रहे अफवाहों की आंधी ।
रोकना होगा अतिशीघ्र
उठाने होंगे उचित कदम
थामना होगा यह भयावह तूफान ।
अभी आवश्यक -विश्राम विभीषण का

आघात मन को गहरा अति लगा
जख्म जिसका भरता शनै:-शनै:
मन का जख्म जाने कब भरे ।
कुरेदते बार-बार अनुचित शब्द
कहाँ समय देते भरने ऐसे घाव गहरे
बार-बार ताजा कर देते
बींध शब्दों से दुर्जन मन ।
सदियों गूंजते रहेंगे ऐसे शब्द अनर्गल
पर करनी विभीषण की
शांत कर देगी उठती लहरें विकराल ऐसी
चुप करा देंगी विरोधी जनशक्ति
धीर धरो इस पल मंदोदरी
विचलित मन जो इस घड़ी
नहीं ले सकता कदापि सही निर्णय ।
इसी मोड़ के परे, तुम देखोगे भविष्य सुनहरा
जो भी दिया -ज्ञान, धर्म, कर्म, शास्त्रों का
देख रहा ज्योति प्रखर, प्रभा मंडल तुम्हारे।
नहीं ठुकराऊंगा अनुरोध तुम्हारा।
सोच रहा - ब्रह्मलोक जा दर्शन करुं पितामह के
पुनीत आशीर्वाद लेकर आऊं,
तभी होंगे स्वप्न अपने सब साकार।
महायज्ञ का करो प्रयोजन
अब ना हो कोई विलंब।
भाई अगस्त को भी करना मुझे अनुरोध
पधार महायज्ञ पूर्ण करें सर्वकार्य और
रखें नींव नवयुग की, धन्य-धन्य करें सबको
बन सब लंकानगरी के आधार।

❑❑

अंक-6

माल्यवान - आओ विभीषण
कंठ से तुम्हें लगा रहा
मन को खोई शांति मिल रही ।
मलिन मुख देख तुम्हारा
विचलित हृदय मेरा ।
अपने आप को मत सबझो तुच्छ
जो कुछ भी घट रहा, इर्द-गिर्द तुम्हारे
तुम नहीं उत्तरदायी ।
तनिक भी संकोच ना करो -वत्स
ऊँचा उठाओ इन सबसे खुद को
कमल के पत्ते पर डोलती बूंद पानी की
लेश मात्र भी गीला नहीं कर सकती
इसी तरह धरो ध्यान अपना
लक्ष्य से परे मत करो मन अपना
सारे उलाहने सारी अफवाहें
डोलती फिरती रहेंगी -और -
विलीन हो जाएँगी समय सागर में ।

विभीषण - हे नानाश्री !
मन मेरा विचलित नहीं
क्षुब्ध इन सब बातों को सुन ।
अभी अभी तो उबरे हम
विभीषिका देखी सबने महासागर की
जो भी रहा बचाखुचा पास हमारे
समेट, गढ़ने जा रहे इतिहास नया ।

कौन जाने चला रहा तूफान अफवाहों का
लांछन भीषण ऐसे लगा रहा ।
भ्राता रावण के जीवन पर्यंत
मैं रहा विवेकी, कुशल और धर्मज्ञ
उनके उपरांत मैं ही बना कुलद्रोही !
कैसे धोऊँगा कलंक यह
बात असत्य हो फिर भी,
सत्य का भेद इसमें छिपा ।
भ्राता कुंभकर्ण, पुत्र मेघनाद जैसे शूरवीर
सभी ने दिया बलिदान अपना
मैं ही बन कायर, गया प्रभुशरण
मैंने ही बताया भेद रावण के अमृतकुंड का
मैंने ही त्यागी लंका, बना कुलद्रोही ।
असत्य कहाँ इन सब में
सब कुछ तो है सत्य ।
छिप नहीं सकता मैं, बन त्यागी
मुक्त नहीं हो सकता, हो प्रभुशरण
छल प्रपंच ही तो था सारा
बनने राजा लंका का
समूल विनाश करने रावण का
प्रभु की शरण जाकर
पाया अपना लक्ष्य ।
कहाँ छिपी है मिथ्या
कहाँ उभरा देशप्रेम
कहाँ निभायी कुल मर्यादा ?
कितना होता बेहत्तर - तजता अपने प्राण
बींध प्रभु के शरों में पाता अहोधाम ।
अमर हो जाता इतिहास में
एक बार ही पा लेता वीरगति
अब तो मरना हर पल
बींधेंगे शरीर मेरा- हर अमाप शब्द
मृत्यु तो तय है इस लोक में

कौन सदियों रहा अमर
रावण भी पाता वीरगति
पर मैं तो नहीं होता प्रयोजक ।
औचित्य रहता – तजना प्राण समरांगण में
जाने कुकर्म, अधर्म कितने किये रावण ने
कभी नहीं छोड़ा – मैंने उसका संग ।
सहभागी रहा, सहकर्मी रहा
प्रत्यक्ष या परोक्ष रूप – हर पल उसके संग ।
और जब सबसे ज्यादा रही जरूरत
भ्राता रावण को मेरी – तजा उन्हीं का संग
प्रभु को हर पल बतायी – चाल उसकी
माया उसकी, षडयंत्र उसके ।
ढाढस बंधाया प्रभु को,
संबल दिया भ्राता के ही शत्रु को
और चरमसीमा कर दी मैंने ही
बन कुलद्रोही, तज विश्वास भ्राता का
उपेक्षा कर हर राजवंश मर्यादा की
उगल दिया राज अमृतकुंड का ।
अब बन बैठा – राजा इसी लंका का
हितैषी इस प्रजा का
अधिनायक इस समाज का !
कहाँ गलत उड़ रही अफवाहें ?
सब कुछ तो सही कहा – सबने
मेरी ही विश्वासघातकता
उचित ठहरा रही मेरे हर कदम ।
अतीत में देखता हूँ – जब भी भयानक
हर कदम मेरा –सत्य की कसौटी पर
कुलद्रोही, राजद्रोही, कुलविनाशक
भ्राताहंता, देशद्रोही, विश्वासघातक
सिवाय इनके, कुछ नहीं जतला रही
कैसे बनूँगा मैं रक्षक – इस समाज का
जिसका मैं विनाशकर्त्ता

जिसका मैं विश्वास घातक ।
भक्षक कैसे बन सकता रक्षक
द्रोही कैसे बन सकता सेवक
विनाशक कैसे बन सकता सर्जक ।
उद्धार ही होना था मेरा तो
प्रभु के शर से होता या फिर
प्रभु शरण से ।
शरों से होता उद्धार तो
पूर्वजों को तो दिखा सकता मुँह अपना ।
अब क्या दिखाऊँगा मुँह अपना ?
क्या जवाब दूंगा – उन अनगिनत सवालों का
बिना बोले ही आँखों से
करेंगे मुझे उस लोक में ।
हे नानाश्री – राजपाट की अभिलाषा में
तनिक नहीं मेरा मन ।
महारानी बनेंगी माता मंदोदरी
सर्वेसर्वा, कर्त्ता धर्त्ता होंगी वही ।
मेरी भूमिका इस महत्कार्य में
नहीं रहेगी किंचित मात्र ।
प्रायश्चित करना मुझे मेरे अतीत का
आत्मग्लानि से भर गया हृदय मेरा,
अनुताप मेरे उठाए गए निर्णय का,
पश्चात्ताप मेरे हर कदम का,
करना होगा मुझे –सब कुछ त्याग कर ।
आँखें खोल दी – जब कहा किसीने
मैं हूँ "घर का भेदी"।
मैंने ही ढायी स्वर्णिम लंका
मैंने ही चली हीन चाल
मेरी ही थी सोच नीच ।
विश्वासघाती राजा का प्रजा कैसे करे विश्वास
स्वार्थपरायण अग्रज कैसे करे दिग्दर्शन
जब प्रजा का ही नहीं विश्वास मुझ पर

फिर कैसे बनूँगा में सर्वजनहितकारी
सशक्त राजा की शक्ति – प्रजा का शोषण ।
जब भी परखता अपनी कथनी करनी
प्रजा के बीच रहकर
पाता अपने आपको – स्वार्थी, भ्रातद्रोही, राजद्रोही
उड़ती हुई इस बात ने
खोल दिये मेरे ज्ञानचक्षु ।
अब जीवन अपना बिताना लेकर संन्यास
सौंप मंदोदरी को सब राजकाज
प्रायश्चित करना अपने
गंभीर अपराध का ।
प्रभु की शरण में जाकर
करुंगा गुहार अपनी
नहीं बन पाया कर्त्तव्यनिष्ठ
नहीं रख पाया मान राजतिलक का ।
उन्हीं के चरणों की पूजा कर
बिताना शेष जीवनकाल अपना ।
हे नानाश्री –आशीर्वाद दें
पूरा मनोरथ कर सकूं
लक्ष्य अपना पा सकूं
प्रायश्चित में सफल हो सकूं ।

मान्यवान – हे वत्स – विभीषण
मेरा आशीर्वाद रहा सदैव संग तुम्हारे
जब छोड़ सब कुछ पहुँचे प्रभु शरण
जब खोला अमृतकुंड का राज
और अब जब जाने को विचलित ।
नहीं रोका था तुम्हें – तब भी
नहीं रोकूंगा – अब भी ।
बलपूर्वक सफल नहीं होते कोई काज
हठपूर्वक भी असफल सारे विधान ।
जो भी कहा तुमने – अनभिज्ञ नहीं मैं
जो भी किया तुमने – असहमत नहीं मैं ।

जो सब उथल -पुथल मच रही हृदय में तुम्हारे
महसूस कर सकता हूँ मैं -
सारे युद्धों में सबसे जटिल युद्ध
अपने विचारों संग संग्राम
अपनी लड़ाई अपने ही अधिकारों की रक्षा हेतु
शत्रु तो युद्ध होता भयावह
उससे भयावह अपनों से युद्ध
सबसे भयावह अपने आप से युद्ध ।
अपने अधिकारों के लिए, अपने मान के लिए
अपनी प्रतिष्ठा के लिए, अपने विचारों के लिए
करना पड़ता युद्ध अपने आप से ।
कोई साथ नहीं देता, ना ही कोई देता सलाह
अपनी बुद्धि, अपना विवेक, अपना धैर्य
अपना अनुभव, अपना धर्म, अपना विश्वास
यही होते संगी साथी ।
हल्की-सी अफवाह एक ही घड़ी क्या
ध्वस्त कर दिया सर्वस्व अपना
राजा को जाने कितने -सहने पड़ते लांछन
अभी तो धरा पग तुमने दहलीज पर
और अपने ही निर्णय अतीत पर
हो गए तुम अफवाहों संग!
किस -किस के साथ लड़ोगे - हे वत्स
आने वाले लिए गए, निर्णयों पर
होंगा जब छिद्रान्वेषण
सटीक निर्णय होता - समय सापेक्ष
समय के बदलते - पलट जाते विधिविधान
हर फैसला - हर युग में टिकता नहीं
बदलाव ही प्रकृति का नियम
बदलते मापदंड देख धार समय की
तभी शिखर नए चूमता समाज ।
निर्णय लिया था तुमने विभीषण
परखते उसे क्यों लेकर दूसरों की नजर ?

जब तुमने यह सब उनकी सोच से नहीं सोचा
अब कैसे परख सकते लेकर सहारा उनके विवेक का ?
दूसरों की सोच से कैसे ले सकते निर्णय
दूसरों के विवेक से कैसे कर सकते कार्य कोई संपन्न ?
राजा तुम हो – सब राजा नहीं
राजा सदैव एक होता – पर होती प्रजा अनेक
सबकी सोच सम्मिलित होती राजकाज में
पर राजहित रख सर्वोपरि
गढ़ते सारे नीति-विधान ।
किसी एक राजद्रोही की सोच
नहीं बदलती राजनियम ।
किसी एक के हित के लिए,
नहीं कर सकते दूसरे का अहित
हर एक के मौलिक अधिकार
रखने होते सुरक्षित ।
होता समाज के विभिन्न वर्गों का कल्याण
रख उनके हितों का मान
रख उनके स्वार्थों का ध्यान
कर उनकी सुविधाओं का निर्वाह
तभी होता समग्र राज्य का विकास ।
किसानों का कल्याण – सुदृढ़ कृषिनीति से
व्यापारियों का कल्याण – सुदृढ़ वाणिज्य नीति से
अधिकारियों का कल्याण – सुदृढ़ कार्यनीति से
विभिन्न धर्मों का मान – धार्मिक नीतियों
विभिन्न नीतियों का समन्वय –
करती राजनीति ।
एक दूसरे से प्रेरित होती नीतियाँ
एक दूसरे को प्रोत्साहित करती नीतियाँ
तभी सुचारु रूप से होते पूर्ण राजकार्य ।
अपने आप में नीतियाँ सारी अधूरी
आपस में गुंथ सबल करती राजनीति ।
पल -पल लेने होते निर्णय

राजा होता इसीलिए विलक्षण ।
सारे अधिकार, सारी शक्ति
सारी सत्ता, सारी परमशक्ति
उंडेला जाता राजा के अंदर ।
यही है उद्‌गम स्थल राज्य की
शांति का, सुखहाली का, उन्नति का ।
विचलित नहीं होते राजन
लेकर निर्णय एक बार,
सारी कसौटियों पर रखकर
सारे पहलुओं को परख कर
सारी राय विचार कर
राजा लेते राजहित निर्णय ।
विचलित नहीं होते देख परिणाम ।
किसी के कहने पर बहकते नहीं राजा
किसी की अफवाह पर रुकते नहीं राजकार्य ।
किसी के बोलने से
ना राजा होते रंक
ना बनते रंक राजन ।
ध्यान धर सुनो बस मेरी बात !
रावण था ज्ञानी पंडित, शूरवीर
नीति शास्त्र में परायण अति धर्मज्ञ
तुम भी कम नहीं अपने भ्राता से
हर रूप में, हर गुण में – तुम उसके समकक्ष ।
बस वह था स्वेच्छाचारी,
तुम हो तत्वज्ञानी ।
तुमने देखा उसका अभिमान
तुमने देखी उसकी जड़ता
तुमने देखी उसकी मूर्खता ।
दूरदर्शी होकर भी वह, कर बैठा गुमान
लाख समझाने पर भी सबके
किया सबका तिरस्कार
चूर हो अपने बल में

नशे में अपनी शक्ति के
खो बैठा अपनी कार्य कुशलता ।
सही –गलत का निर्णय, नहीं रहा उसके बस
देकर तिलांजलि सारे नीति नियमों की
अपमान किया प्रभु के हर संदेश का ।
तुमने नहीं शुरू किया – यह सब खेला
कोई षडयंत्र नहीं किया तुमने
उकसाया नहीं उसे करने अपहरण माता सीता का
ना ही हरी मति उसकी – उलझा कामुकता के जाल ।
स्वयं रावण ही है उत्तरदायी विनाश का अपने
तुम्हारा कहीं नहीं तिल मात्र भी प्रयोजन ।
हर काम में रहे तुम –उसके सहभागी
कभी नहीं रची कोई साजिश
देखा जब सर्वनाश लंका समक्ष
समझाने गए तुम रावण समक्ष
गुहार की, विनती की,
बखान किया नीति नियमों का
दोहराये धर्म–कर्म शास्त्रों के ज्ञान
पर मूढ़मति ने सबको मारी लात
खुद ही बन गया अपना ही काल ।
कोई राज नहीं खोला – तुमने प्रभु को
प्रभु की थी वह चरम परीक्षा
प्रभु की थी वह
तुम्हारी मित्रता की, तुम्हारे संयम की
तुम्हारे समर्पण की, तुम्हारे अनुराग की
तुम्हारे प्रेम की, तुम्हारी निष्ठा की
तुम्हारी भक्ति की, तुम्हारी शक्ति की ।
हर परीक्षा में हुए तुम उत्तीर्ण
देकर अमृत कुंड का संधान ।
प्रभु की इच्छा, प्रभु का प्रेम
प्रभु की परीक्षा , प्रभु की घनिष्ठता
मिलता विरलों को यह स्थान ।

सुग्रीव संग मिल हरे प्रभु ने
बाली के प्राण ।
दिया राज किष्किंधा का
कोई नहीं किया सुग्रीव का अपमान
फिर तुम्हारे बनते ही राजा
कैसा रावण का अपमान ?
जितनी प्रभु की इच्छा निराली
उनकी परीक्षा उतनी ही कठोर
कैसे तुम जान सकते अधिक
परीक्षक से अपने ?
गुरु से शिष्य – कभी नहीं हो सकता
अधिक जानकार ।
प्रभु से फिर तुम कैसे हो सकते
अधिक ज्ञानी ?
नहीं अनभिज्ञ थे – वह रहस्य रावण मे
बस परखना चाहते – तुम्हारी भक्ति
परखी और तुम हुए सफल ।
परिचय दिया परमार्थ का तुमने
नहीं किया कोई छल प्रपंच ।
जो सर्वज्ञ, जो सर्वविदित
उसका नहीं कोई भेद ।
सारे देवता किन्नर , मुनि
सभी को अमृतकुंड का ज्ञान ।
पर नहीं अस्त्र कोई इनके पास
नहीं कोई शक्ति इनके वश
जो करती रावण का विनाश ।
ब्रह्माजी का वर – बन अभेद्य दुर्ग
बन गया उसका अभेद्य कवच ।
सिर्फ एक नर ही कर सकता था
तभी तो भगवान ने धरा
रूप एक सामान्य नर का ।
सब कुछ तय किया नियति ने

जान चुका था रावण भी यह सत्य
ज्योतिष शास्त्र का रहा – वह विद्वान प्रकांड ।
सब जानते जन्म लेते ही
तय हो जाती सबकी मृत्यु ।
रावण कभी नहीं रहा – इससे अनभिज्ञ
प्रभु को देख नर रूप में
मुस्कुरा रहा था मन ही मन
देवलोक से स्वयं आये प्रभु
करने उसका उद्धार !
तुम्हीं एक थे रावण समकक्ष
बल, बुद्धि, विद्या में निपुण
तुम रहे धैर्यवान नीतिसंपन्न, धर्मपरायण
नहीं तुम्हारा युद्ध में कोई प्रयोजन
इसलिए भेजा तुम्हें प्रभु की शरण ।
तुम्हीं संभाल सकते लंका का राज
लौटा सकते उसका स्वर्णिम काल
पुनर्स्थापित कर सकते उसका मान
तुम में रही वह शक्ति, वह धैर्य
जिसका रावण को रहा सदा ज्ञान
इसलिए नहीं चाहा – अकाल मृत्यु तुम्हारी
लात मार अपमान किया
भरी सभा में लज्जित किया ।
बस प्रभु की शरण ही – रहा तुम्हारा एक स्थान
प्रभु की भी रही यही इच्छा
प्रभु की ही थी यही अनुकंपा ।
वरना कर सकते थे तुम वानप्रस्थ
रह सकते थे तुम भी तटस्थ
पर प्रभु प्रेम तुम्हारा
प्रभु का प्रेम तुम पर
ले आया निकट, एक दूसरे को कर परस्पर ।

(तभी महारानी मंदोदरी और सरमा का कक्ष में प्रवेश , सभी यथोचित आसन ग्रहण करते हैं । तत्पश्चात नानाश्री माल्यवान राजमाता एवं महारानी की तरफ देखते हैं)

माल्यवान - सुनो देवी मंदोदरी एवं देवी सरमा
विभीषण ने मन खोल दिया अपना
इतना मलिन एवं कातर
कभी नहीं पाया मैंने ।
मन मेरा विक्षुब्ध हुआ जाता
देख विवश विभीषण ।
कहते हैं राजपाट छोड़
अब जाना प्रभु शरण
वन गमन कर बितायेंगे
जितना भी बचा, अब जीवन ।

मंदोदरी - हे नानाश्री !
क्या सच कहा आपने
जो भी सुने मैंने वचन ।
कैसे ले सकते विभीषण
ऐसा कठोर निर्णय ?
आघात मन को, लगः हम सबके
निराश मन बना देता आशावादी
पर निर्णय लेना इस घड़ी
सदैव प्रतिकूल और विनाशकारी ।
बढ़ावा देगी शक्ति षडयंत्रकारी
फिर नहीं उभर पायेंगे
विलुप्त हो जाएगी राक्षस जाति सारी ।
हे विभीषण अफावहों से
डगमगाने लगे तुम कब से ?
हम सबका विश्वास
हम सबका सहारा
हम सबका भरोसा हो,
कैसे भूल गए विभीषण ?
हर पग साथ हम तुम्हारे,
हर पल बल हम तुम्हारे,
हर समय रक्षी हम तुम्हारे ।
फिर तुम्हें कैसी विवशता ?

तिल भर भी ना करो संकोच
जो भी स्वप्न देखा तुमने
करने राष्ट्र का नवनिर्माण
निस्संदेह, निसंकोच, निडर
उठाओ कदम विभीषण
फिर देखो चूमती सफलता कदम कैसे
पहुँचते नए शिखर हम सब कैसे
समाज हमारा कैसे
शिरोधार्य करो आशीर्वाद प्रभु का
सम्मान दो प्रभु के राजतिलक का ।
मर्यादा रखो मान के उनकी ।
बहुत सोच विचार कर ही
उठाया प्रभु ने यह कदम
दिया स्वर्णिम भविष्य लंका का
वही प्रभु जो हैं अंतर्यामी
नहीं समझा तुम्हें कोई कुलद्रोही
षडयंत्रकारी या फिर भ्रातृहंता ।
उनकी आँखों के समक्ष
उनके विवेक के समक्ष
उनकी विलक्षणता के समक्ष
तुम ही उचित मार्गदर्शी ।
सारे गुण भरे हुए हैं तुममें
पराक्रमी, राजनैतिक, संयमी
कर्त्तव्यनिष्ठ और धर्मपरायण
इसीलिए दिया राजपाट तुम्हें ।
उनकी इच्छा की रखो प्रतिष्ठा
उनकी मर्यादा का करो सम्मान
अफवाहों से ना हो विचलित
हे विभीषण – पूरा करो सब विधि-विधान ।

सरमा – हे राजमाता !
अति श्रेष्ठ वचन कहे आपने
अवश्य इनसे हृदय को, मिला होगा आराम ।

इनकी भावविह्वलता देख
कचोटता मन मेरा बारंबार ।
अभी अभी तो सुनहरे भविष्य के
देख सपने ले रहा था मन हिचकोले
जाने लहर ऊँची-सी एक - आई कहाँ से
सब कुछ डुबो कर दिया अस्त-व्यस्त ।

माल्यवान - ठहरो-ठहरो देवी सरमा !
तुम्हारे वचनों से झलक रही
किसी दयनीय, कृतार्थ की वाणी ।
नहीं -नहीं - मत सोचो ऐसा कदापि
तुम हो शूरवीर की पटरानी ।
कोई लहर ऊँची आई नहीं,
ना ही हम हुए अस्त-व्यस्त ।
सब कल्पना मात्र है
धीरज खोने के परिलक्षण ।
चाहे विभीषण तो अकेले ही
तीनों लोकों का बन सकता स्वामी
मैंने परखी है वीरता इसकी
यह है महापराक्रमी
वीर अति शक्तिशाली ।
कोई दया के पात्र नहीं हम
ना ही कातर, ना ही कायर
हम जानते अधिकार अपना
हम जानते दमन करना
अफवाहें हो या कोई साजिश ।

सरमा - हे नानाश्री !
क्षमा करें मुझे
तिल मात्र नहीं था मेरा यह प्रयोजन ।
शायद बह गई मैं
धार में भावनाओं की ।
भूल गई इतिहास पराक्रमी अपना
गौरव राक्षस जाति का ।

मन मेरा भी संग स्वामी के
डोल गया, देख यह कालिख ।
सुनकर वचन आपके
जो बरसे वर्षाऋतु सम
हर्षित कर, कर दी बगिया हरियाली ।
हर एक के जीवन में आते ऐसे दोराहे
धर्म-अधर्म, सत्य -असत्य, पाप -पुण्य
किसी एक पर धर पग आगे पड़ता चलना
भेद करना इनमें सदैव रहा नहीं सहज
अपना ही ज्ञान नहीं सदैव पर्याप्त
अनुभव अपना, बुजुर्गों का मत
समाज की चिंताधारा
सब कुछ कर सोच विचार
सत्य धर्म और न्याय सिद्धांतों पर
जो सदा रहता अडिग
वही बनता युगपुरुष,
वही कहलाता युगद्रष्टा ।
सोचने भर की बात है
पल में भारी पल में अनावश्यकारी ।
मन की शक्ति ही सबसे ज्यादा महान
ठान लो तो विश्व विजयी
वरना सब कुछ वीरान ।

मंदोदरी - सरमा - कभी नहीं देखा
तुम्हें विचलित इतना ।
आज अचानक क्या हुआ ऐसा
कभी नहीं सुने वचन ऐसे
तुम तो धैर्यवान, गुणी वीरांगना ।
प्रेरणा रही सदैव विभीषण की तुम
आत्मविश्वास की प्रतिमूर्ति तुम
फिर आज ऐसे क्यों विचलित ?
हमारी विवशता, हमारी लाचारी
हवा देती इन अफवाहों की आग को

अफवाहें परवान चढ़ती अकर्मण्यता से
अफवाहें तूल पकड़ती खंडन से
अफवाहें जोर पकड़ती उलझनों से ।
पर अफवाहें गुम हो जाती
उनकी अनदेखी से
उनकी अवहेलना से ।
हमारे कर्म बोलने चाहिए
ना कि हमारी जुबानें ।
कर्म हमारे बतलाएँगे, इतिहास को, जमाने को,
क्या रहा हमारा धर्म
क्या रहा हमारा उद्देश्य ।
हालांकि बातों को लोग सुनते हैं
फिर उन्हीं बातों को भूल जाते
जब कर्म हमारे होंगे विकासोन्मुखी ।
धैर्य मत खोओ विभीषण
परीक्षा है यह हम सबकी
खरे उतर पार लगाना
कर न्यायपूर्ण तर्कसंगत काम ।

माल्यवान – हाँ विभीषण
धैर्य धरो इस घड़ी
सब का धीरे-धीरे होगा शमन
सिर्फ आदर्शों से जीवन नहीं चलता
नींव बनती आदर्श समाज के निर्माण की
दीवारें, दरवाजे, छत तो बनानी हैं तुम्हें
नींव आदर्शों की मजबूत रख
इस मन की धरा में धर
दीवारें नियमों, नीतियों की करो सुदृढ़
दरवाजे प्रगति के इन पर जड़ो,
राजा अधिनायक, पंच और सैनिक
इनके कोई मित्र नहीं ।
निर्णय लेने का अधिकार
निरपेक्ष रहने की शक्ति

नियमों का परिपालन समाज को सही दिशा
नागरिकों का संबल, राज्य की सुव्यवस्था
सटीक रूप से सबका संचालन
होता इनके अधीन ।
हर एक की संतुष्टि, हर नीति में
कभी नहीं संभव, ना ही अपेक्षित ।
नीतियों का समन्वय अति जटिल
लेकिन नितांत आवश्यक ।
दोहरी नीतियां, दोहरे मापदंड
राजा और प्रजा –दोनों के लिए अहितकारी ।
दोगलापन ऐसा – फैलाता जनमानस में असंतोष
जन्म देता वातावरण रोषपूर्ण ।
हर निरपेक्ष कदम ऐसे राजा का
प्रजा परखती अविश्वास से ।
भयाकुल प्रजा, विफल राजा
होता उन्माद अराजकता ।
अधोगति घटती राजकाज में
घिर जाता राज दुश्चक्र चक्रव्यूह में
भ्रष्टाचार, दुराचार में होते लिप्त राज कर्मी
करते समूल विनाश समाज का ।
शक्ति और संचालन का अद्‌भुत मिलन
होता राजनीति के मैदान में
अपने आपमें दोनों – दाता दमन नीतियों का
जब मिलती ये –न्यायतंत्र की सरिता संग
त्रिवेणी संगम होता अति पावन
पावन कर देती राजनीति की बेलाभूमि ।
अब कर्मठ बनो विभीषण
नहीं यह घड़ी अवलोकन की
पश्चाताप में व्यर्थ मत जलो
जो निर्णय लिया भविष्य में
उसका करो सम्मान
आगे बढ़ो और संभालो राजकाज ।

जीवन में जाने कितने –आएंगे चौरास्ते
चुनने से पहले सोचो
चलने के बाद लड़ो हर वाधा से ।
विघ्न रहित नहीं कोई पथ
हर राह की अपनी ही बाधाएँ ।
देख राह की चाल टेढ़ी
मत फिरो चुनी हुई राह ।
अपने सामर्थ्य
और साधनों की सुविधा
उपयोग में ला दूर करो
चुनी राह की हर कमजोरी –
आओ विभीषण, हम सब साथ मिल
पायें अपनी मंजिल, पूरे करें अपने स्वप्न
प्रभु के आशीर्वाद को मस्तक पर रख
दृढ़ करें उनका विश्वास ।

विभीषण – हे नानाश्री – हे राजमाता !
तनिक मूर्छित क्या हुआ मैं
डूब गया मैं सागर में विवशता के ।
सारा जोश सारी उमंग,
सारा उत्साह, सारे स्वप्न,
होने लगे थे धूमिल ।
आपके मधुर सुवचनों ने
फूंके मुझमें प्राण नए ।
उमंगें मन की पहुँचाती नये शिखर
सुवचनों का प्रहार होता असह्य
मन शिथिल बुद्धि दिग्भ्रमित
सूझता नहीं कोई उपाय ।
सदैव भ्राता रावण को सुझाया सन्मार्ग
सवैव करी बात सही –मित्र बंधु परिजनों से
सदैव चाहा हित– परिवार कुल और देश का
खोखली सभ्यता के दंभ पर
टिकता नहीं समाज ।

शौर्य, प्रतापी और प्रतिभा के ढोंग
विनाश करते परिवार कुल और देश का ।
विलासता, वैभव के स्वांग रच
नहीं गढ़े जाते शक्तिशाली साम्राज्य ।
सिद्धांतों से लड़ाई होती नहीं
सिद्धांतों के लिए होते महासंग्राम
जो भी कहा सरमा ने
अचूक, दो टूक सत्य ।
जीवन के हर दोराहे पर
धर्म, सत्य और पुण्य को धर
होना पड़ता अग्रसर ।
परिणाम की परख – कोई कुछ भी करे
होना नहीं विचलित ।
यही समय जो डरा रहा मुझे
गद्दार, पाखंडी सत्ता लोलुप
यह समय दिखलाएगा
देशभक्त, सैद्धांतिक और निरपेक्ष ।
कोई कुछ भी कहे
अडिग होना
अपने सिद्धांतों से
अपने कर्त्तव्य से एवं
अपने सत्य से ।
हर नागरिक तय करता – अपने जीवन का मार्ग
हर एक पद देता – समाज में अपना योगदान ।
जो भी घटा साथ हमारे
नहीं बदल सकता अब कोई
उल्टी दिशा कर – अग्रसर नहीं हो सकते
देनी होगी समाज को दिशा एक नई
तभी बदल सकते सोच हम ऐसी
तभी रोक सकते अफवाहों की लड़ी,
तभी उजागर कर सकते नीयत अपनी ।
अफवाहों से लड़–नहीं उलझना मुझे

नहीं रिक्त करनी अपनी शक्ति ।
शक्ति, समय और अर्थ का
सदुपयोग कर, करना समाज उत्थान ।
अफवाहों के जंगल में भटक
कैसे होगा राष्ट्र निर्माण ?
अफवाहों की करनी अवहेलना
चिंतनधारा जताती समाज की
प्रेरणा श्रोत नहीं बनेंगी अफवाहें
शक्तिदायिनी होगी प्रजा की सोच
प्रोत्साहित करेगी नवराष्ट्र निर्माण में ।
सबको मालूम क्या करना
विरले ही जानते कैसे करना ।
सबको मालूम क्या है गलत
विरले ही जानते कैसे बचना ।
सोच समाज की –सही और गलत
संवारेगी हमारे नीति नियम ।
कभी नहीं चिर स्थायी
पल भर की विचलता
कैसे अस्थिर कर सकती अडिगता ।
आप सब के मंतव्य
आप सबके विचार
धर प्रभु को हृदय में
करने पूर्ण सर्वहित कार्य ।
मिल आऊँ एक बार फिर प्रभु से
दर्शन कर अयोध्यावासियों का
आशीर्वाद ले माता सीता का
शुभारम्भ करुँगा अपना अभियान ।

नानाश्री – बहुत सुन्दर विचार तुम्हारे
परिष्कृत, परिमार्जित
प्रभु के वरद हस्त का प्रभाव
देख पा रहा तुम्हारे शब्दों में
झलक रहे तुम्हारे भावों में ।

अपनी ही मति से
अपनी ही बुद्धि से
उबारा तुमने इस चक्रव्यूह से ।
अफवाहों का बवंडर
डिगा नहीं सका –प्रण तुम्हारा ।
एक और परीक्षा
एक और प्रयोजन
हो सकता प्रभु का
फिर से उत्तीर्ण हुए तुम
प्रमाणित कर दिया फिर तुमने
प्रभु के मान को – प्रभु के विश्वास को ।
तुम्हीं हो सही उत्तराधिकारी,
इस राज के स्वर्णिम भविष्य के
तुम्हीं हो सटीक उत्तर
इन विनाशकारी तत्त्वों का ।
कोई नहीं जानता उनका खेला
हर महत्कार्य के पीछे
छिपा उनका महत् उद्देश्य ।
परख लिया तुम्हें उन्होंने
तुम्हारी बुद्धि, तुम्हारा ज्ञान, तुम्हारा कौशल
हर कसौटी पर तुम सर्वोत्तम ।
राज लंका का सौंप वो निश्चिंत अयोध्या में
फिर तुम्हें ही लड़नी अपनी लड़ाई
तुम्हें ही होना अपने पथ पर अग्रसर ।
हर दुविधा में जब वो तुम्हारे साथ
फिर बार-बार क्यों जाना उनके पास ?
यदि नहीं रहता तुम पर भरोसा
तो छोड़ जाते कोई दूत अपना
पर नहीं –
तुम में है वह निपुणता
तुम नहीं हो सकते पथभ्रष्ट
हर कदम तुम्हारा होगा – लक्ष्यपथ

हर निर्णय तुम्हारा होगा –जनहितकर ।
उन्होंने दी तुम्हें –शक्ति, बुद्धि और सामर्थ्य
फिर बारबार –पहुँच उनके द्वार
क्यों विचलित करना उनका मन
क्यों डगमगाना उनका मन ।
अब तो कर पूर्ण ऐसे कार्य
देंगे निमंत्रण प्रभु को –पधारें इस द्वार
पवित्र करें नगरी हमारी
पावन करें हृदय हर लंकावासी ।
बहुत मुश्किल है बनना – एक विभीषण
अति कठोर लिया निर्णय तुमने
और भी दुर्लभ करने कार्य तुम्हें
हर युग में हर समय में
होना होगा एक विभीषण
तभी होगा समाज निर्माण
अफवाहों का पीना होगा हलाहल
प्रवादों को करना होगा ग्रास
जूझना होगा समाज के विकारों
और इन सबके मध्य में रह
करना होगा राष्ट्र निर्माण ।
तभी कहलाएगा कोई विभीषण ।
विषम परिस्थितियाँ समाज में हों या जनमानस में
करती हैं विकाश प्रतिभा शक्ति का
विचार शक्ति विस्तृत होती विषमताओं में ।
तराश लेता विकाश के सुअवसर,
सुशासक – विषमताओं में ।
प्रतिकूल परिस्थितियाँ ही
जन्मदात्री विकाशधारा की ।
विविधता, विषमता और संपन्नता
इसी त्रिवेणी के पावन संगम पर
होता राष्ट्र का पावन विकाश ।
युवाशक्ति, नारी शक्ति एवं प्रौढ़ विज्ञता

देते राष्ट्रनिर्माण में अपना योगदान ।
चरित्र निर्माण से होता स्वस्थ समाज
स्वस्थ समाज जन्मदाता सुशासन का
सुशासन ही गढ़ता सुदृढ़ साम्राज्य ।
एक कड़ी से जुड़ी हर दूसरी कड़ी
हर कड़ी की दृढ़ता तय करती मजबूती
पहचान इस राज्य की ताकत को,
दूर करो इसकी कमजोरियाँ
चिन्हित कर नव अवसरों को
निराकरण करो आशंकाओं को ।
निराशावादी ना बनो विभीषण,
सारे संसाधन हैं उपलब्ध तुम्हें
घड़ी आ गई परखने तुम्हारा ज्ञान कौशल
समय दे रहा चुनौती तुम्हारे बुद्धि बल को
कर्त्तव्य परायण बनो – धर्मनिष्ठ बनो
समाज के नवनिमार्ण में सबका है साथ
प्रभु की इच्छा को शिरोधार्य करो ।
प्रभु के प्रेम का मान रखो
प्रभु के विश्वास का सम्मान करो
प्रजा के ध्येय को परखो विभीषण,
सब प्रतीक्षा में तुम्हारे निर्णय की,
सब ताक रहे तुम्हारा पहला कदम ।
अब विलंब मत करो वत्स !
आगे बढ़ो –
पथप्रदर्शक बनो
दिग्दर्शक बनो,
युग दृष्टा कहलाओ ।

विभीषण – हे नानाश्री !
आपकी ज्ञानमयी बातें
आपके अमृत वचन
मेरे हृदय को छू गए
उत्साहवर्धन, ज्ञान से भरपूर

आशा की किरण दिखा रहे मुझे
अब बनना मुझे कर्त्तव्यनिष्ठ
विश्वास जगा रहा मन में मेरे
सफल होंगे सपने हमारे ।
साथ मिला कुटुम्बीजनों का
उल्लासमय अब मन मेरा
निराशा के बादल घनघोर
छंट गए आशा के झोंके से ।
अब बनाने नीति नियम हमें
रख प्रजाहित सर्वोपरि
तभी सफल होगा राजहित ।
प्रभु की करुणा अपरंपार
दिखला देती सुयोग अनेक ।
जिनके स्मरण मात्र से
पूरे होते सकल काज
उनका वरद हस्त मेरे शीश पर
उनका विश्वास मेरे ज्ञान कौशल पर
फिर क्यों ना पूरा होगा
स्वर्णिम लंका का संकल्प ।
हे प्रभु श्रीराम, हे माता जानकी
हे सकल गुणनिधान श्री हनुमान
आशीर्वाद दें, कर्त्तव्यनिष्ठ बन सकूं
दृढ़ निश्चय कर पूरे करुं स्वप्न सबके
ज्ञान कौशल का कर उपयोग,
फले फूले लंका हमारी
धर्मपरायण बन हितकारी बनूं ।
आप सब दें मुझे सद्बुद्धि
बनाये रखें धैर्यवान कितनी भी हो विकट परिस्थिति
धर्मच्युत ना होऊँ.
ना कहलाऊँ कर्त्तव्य विमुख ।
शक्ति दें हे प्रभु !
सफल मनोरथ पूरे करें हमारे

पूर्वजों का रखें मान
लौटायें ऐतिह्य हमारी जाति का
फले-फूले समाज हमारा ।
आओ हम सब धरें ध्यान परमशक्ति का
और - प्रगति पथ पर बढ़ें साथ-साथ ।

जय श्रीराम ! जय माता जानकी
जय श्री हनुमान, जय सारे समाज की ।

❑❑